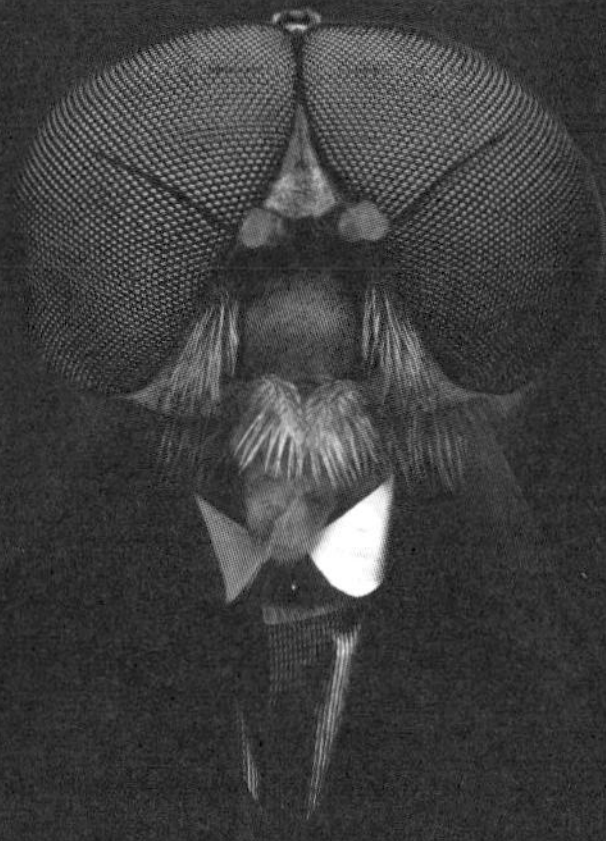

鬱屈精神科医、怪物人間とひきこもる

The Depressed Psychiatrist Isolated
With
A Humanoid Monster

春日武彦

はじめに

頭が二つの蛇であるとか、グロテスクそのものの異様なプロポーションの深海魚であるとか、あまりにも巨大化した昆虫であるとか、そういった生き物たちは、まさに現実に存在する「怪物」と称して構わないだろう。写真でそうしたものを目にすると、彼ら怪物たちと自分とが同じ世界に生きているという事実に対してどのように辻褄を合わせていけばいいのか一瞬分からなくなる。その困惑や「おぞましさ」はある種の酩酊(めいてい)を生じさせ、そうした感覚に惹き寄せられる人たちが世の中には一定数いるようだ。

実在するのかフィクションか、どちらでも構わないのだが、今までに見聞きした怪物の中でもっとも恐ろしかったものはいったい何だろう。ぜひとも読者の一人ひとりに尋ねてみたい。わたしの場合は、はっきりしている。「あの」キリン（ジラフ。哺乳類の偶蹄目に属し、大概の動物園で飼育されており、子どもたちに人気があり、頸部が長く、五メートル近くの高さを誇る）である。いや、キリンの変種と呼ぶべきか。

ネットの動画で目にしたのである。「あの」キリンは葉の茂る木々や鮮やかな青空を背景にしたまま、全身から色彩が欠落し、真っ白であった。アルビノではなく白変種（leucism）らしい。二〇一七年八月にケニアで発見された（その後、二〇二〇年に密猟者に射殺された）。とにかく全身が真っ白であった。キリンには特有の網目模様があるが、それも消失している。表面はひたすら白いだけだ。

その程度で恐ろしいと感じるのは奇妙に思われるだろう（モビィ・ディックであったなら、いざしらず）。だが、わたしが「あの」キリンを見て連想したのはナンバーペイントであった。ナンバーペイントは、数字塗り絵とも呼ばれる。キャンバスに、ラインで細かく区切られた下絵があらかじめ印刷されている。塗るべき領域には数字が書き込まれていて、その数字に対応する絵の具（難易度が高い塗り絵ほど、中間色が多い）を筆で丹念に塗っていく。その工程をひたすら繰り返すことで、いつの間にか絵が完成する。わたしも遙か昔に試みたことがあるが、面倒なだけで頭を使う必要はない。だが作業が進んでいくと、平面を塗っていくだけで次第にカラー写真そのままのリアルな映像が現出してくる。これはちょっと不思議な経験で、案外と大雑把でも写真のようにくっきりと現実を写し取った画像は成立し得るのだなと実感することが出来る。

さて、「あの」真っ白なキリンを見た瞬間、わたしはあたかもキリンの姿が「塗り忘れられたナンバーペイントの領域」のように思えたのだった。言い換えれば、現実世界は所詮、神様が暇に任せて塗り上げたナンバーペイントでしかなく、そのことに誰も気づいていなかったが、図らずも「あの」キリンが真っ白であったことによって「世の中は塗り絵でしかなかった」という秘密が露呈してしまった——そんなことを直感的に想像してしまったのである。キリンの白さは、カラーとしての白ではなく、空白とか空虚そのものを示す白であるかのように見えた。

それはものすごく気味の悪い体験であった。おそらくナンバーペイントなんてものを想起しなければ、たんに珍しいキリンで終わっただろう。だが、神がうっかり塗り残した部分を発見してしまったなどと馬鹿げたことに思い至った途端、まさに「あの」キリンは今までの世界観を覆す存在、すなわち本物の怪物としてわたしを脅かすことになったのであった。

おそらく、ケニアで実物の「あの」キリンに遭遇していたら、腰が抜けていたかもしれない。そしてその理由を説明しようとしても、周囲の人たちにはなかなか理解してもらえなかっただろうと思う。もどかしく感じたに違いない。今こうして書いていても、落ち着かない気分になってくる。

ひるがえって特撮映画における怪物たちはどうであろう。くだらないどころか悪趣味で愚かしく、ときには滑稽ですらある。冗談か子ども騙しか、そのいずれかに属しているとしか思えない。

そのような安っぽいものには、安っぽいがゆえにジャンクフードのように依存性があり、しかもひたすら無意味な存在だ。しかし油断しないほうが良い。その無意味さが、秘かに「塗り忘れられたナンバーペイントの領域」に通底していたりもする。そう、銀幕の怪物たちには一目置くべきなのだ。

当方はバッドエンディングの物語を好む傾向にあるが、それはマゾヒズムや自虐傾向などとはあまり関係がない。今ここで考えてみると、バッドエンドで生じる特有の「嫌な感じ」は、残酷とかシニカルといったレベルよりはもっと根源的な部分に根差しているところがあって、もしかするとそれは最終コーナーに達するまで延々と語られてきた物語が、実はナンバーペイントのチープな絵でしかなかったと（薄笑いとともに）教えられることに近いのではないだろうか。

本書の帯に荒木飛呂彦氏が寄せてくださった文章では、ハッピーエンドの物語もバッドエンドの物語も構造的には同じで、「様相が違うだけだ。でも癒されるのは、どちらを観た時なのか？」と挑戦的な問いを突きつけている。

そう、ハッピーエンドもバッドエンドも双生児のように似ている。しかしバッドエンディングだけが、この世は神様が暇に任せて塗り上げたナンバーペイントでしかないことを冷酷に示唆してくれるのだ。わたしはその鼻白むような事実によって我に返り、惨めで重苦しい気持ちをいささかなりとも慰めることが可能になる。つまり――癒されるのだ。

本書には映画を中心として、小説にも触れつつ、モンスターの登場する作品やバッドエンドの物語に関して述べた文章が収められている。そこで取り上げられる作品の多くは、一時期わたしが仕事をすべて辞め、自宅に引きこもって鬱々としていた期間に視聴した。今思い返してもげんなりするような時期を、これらの作品群と暗い表情で戯れることによって乗り越えられたのである。だから本書はキッチュであったり馬鹿げていたり、（贋（にせ）の）絶望感を与えてくる作品たちへの恩返し（！）であり、または自分の精神状態を振り返るカルテでもある。さもなければ、「白きキリンに捧げる黙示録」と考えていただいても良いかもしれない。

ひとつ注意点を記しておきたい。俎上に載せた作品の大部分は、結末に言及している。いわゆる「ネタバレ」である。ネタバレは絶対に避けるべきなのか、場合によっては許されるものなのか。考え方はさまざまであろうが、結末を割らねば語り切れない論考ゆえにぜひともその必要性を納得いただきたい。念のため、巻末には、扱った作品のリストを章ごとに付した。

目次

第一章

蠅男とラム入りミルク

第一章　蝿男とラム入りミルク

贅沢で切実な苦悩

仕事をすべて辞めて、引きこもってみた時期がある。五十歳を少し過ぎた頃のことで、とてもじゃないが分別のある人間の行動とは言い難い。しかし、毎日患者の悩みだの辛さだの妄想だのと付き合っていくのがいきなり嫌になったのである。理由はそれだけではないものの、とにかく何もかも嫌になった。うんざりした。バカンスを取るというよりは、自傷行為に近い振る舞いとして世間の流れから「降りた」のであった。

そんなことが出来るだけの経済的余裕があるお前は甘えているだけだ、なんて嫌味が聞こえてきそうだ。反論をする気はない。だが人は金のためだけに生きるわけではない。医師としての文脈よりも物書きとして、自己実現とか充実感とか承認欲求とか、ある意味では贅沢な、でも切実な部分でわたしは気落ちをしていたので、それこそ拗(す)ねるような気分で引きこもったとも言えよう。いずれにせよ、世の中全体に中指を突き立ててやりたい気分だったのである。

妻はものすごく優秀な外科のナースで、あとは猫一匹が家族のすべてである（この猫は、平成二十九（二〇一七）年三月五日に病死して、今は二代目が同居している）。彼女が朝出掛けたあとは、本を読んだり猫と遊んだりCDを聴いたりDVDを観たり、気の向くままに原稿を書いてみたり散歩に出たり日帰りの小旅行に行ったり、そんな穏やかな生活が展開される筈であった（ゲームは、関心がないのでまったくやらない）。けれども、もともと精神的に安定した状態でフリーな日々に突入したのではなかった。だから何もする気が起きない。しかも無為な毎日が続くと、世の中から見捨てられたというか見放された感情に支配されるようになっていく。そこを突き抜けて超然と生きられれば、もっと別な局面が出現したかもしれない。が、執着心の強い性格ゆえに、吹っ切ることなど叶わない。どんどん気持ちが重苦しくなっていく。

べつに妻はわたしが仕事をしていないのを咎めたりはしない。でも当方には罪悪感に似た感情が立ち上がってくる。自己嫌悪と無力感とが合体した気分が、じわじわと広がってくる。ちっとも心は安まらない。この機会を利用して自分自身ときちんと向き合ってみよう、なんて殊勝な心持ちにもならない。

そんなときにホラー系やモンスター関連のDVDを観たくなるのはなぜなのだろう。ことにB級のほうがしみじみと心に響いてくるのはなぜなのだろう。

いや、答えは分かっている。こういったジャンルの制作者たちは「拗ね者」としての矜持と鬱屈を抱えているに違いない。そして映画は集団で創るものゆえに、いわば疑似家族的なグループをこしらえて制作に臨んでいるだろう。そのあたりは、ポルノフィルムを作る人々をテーマにしたポール・トーマス・アンダーソンの『ブギーナイツ』（一九九七）に寄せる共感に似たものがある。フィルムそのものを楽しむと同時に、フィルムの外側にわたしは一種の慰めを見出していた。さらにモンスターに関しては、居直りの美学みたいなものを感じてもいた。くだらぬ良識や、いじましい価値観を超越した存在としてのモンスターに、自分を重ね合わせて自己憐憫に耽っていたのだ。

引きこもっていると、ろくなことをしない。昼間だというのに、酒屋に行ってラム酒を買ったことがある。冷蔵庫を開けて牛乳を取り出し、容器に注いでからそこへラムを加える。カート・ニューマン監督の『蝿男の恐怖』（一九五八）を観ていたら、こんな場面が出てきた。蝿と合体して「おぞましい」モンスターになってしまった天才博士が、その事実を妻に知られては大変なので姿を隠しつつ、彼女に食物を要求する。それが「ラム入りのミルク」なのである。そうか、蝿男の好物はラム入りミルクだったのか。ミルクは子どもっぽく、ラムは飲んだくれの大人の好物だ。ラム入りミルクは、まるで葉巻をくわえた赤ん坊のような組み合わせだとない。

思った。いったいどんな味なのかと、試してみたくなったのはそれこそ暇だったからに他なら

蝿男は、ラム入りミルクをボウルに入れてもらい、それを尖ったノズル状の口先でじゅるじゅると吸い込むのだった。蝿の頭の黒と、ミルクの白との対比の鮮やかさ。ストローを使って蝿男の口吻を真似てみるほど酔狂にはなりきれず、とりあえずマグカップで飲んでみた。美味いのである。いくらでも飲める。おかげで昼間から悪酔いした。私はケーキの中ではサバランをもっとも好むが、考えてみればあれはラム酒と生クリームが味を決めており、それは蝿男の好物と成分的に重なるのであった。なかなか絶妙なものを蝿男の食物だか餌に設定したものだなあ、とほろ酔い気味の頭で感心した。しかしそのあとで虚しくなり、首でも縊りたい気持ちになった。

わが内なる蝿男

ホラー作家の平山夢明氏は、フランケンシュタインこそがお気に入りのモンスターだと語っ

ていた。漫画家の故・吉野朔実さんは、吸血鬼がベストと教えてくれた。なるほど、彼らの作風に何となくマッチしている。ではわたしの好きな怪物は何か。

あのラム入りミルクを飲む「ミスター蠅男」に他ならない。ミイラ男も半魚人も物体Xも狼男も蛇女もジェイソンもエイリアンも、蠅男には敵わない。

では蠅男はわたしにとってそれほど素敵な怪物なのか。

とんでもない。不潔でみっともない。気味が悪い。おぞましいから、フィギュアも欲しくない。そもそも蠅なんてウンコに集る存在である。聖典と称すべき一九五八年版の『蠅男の恐怖』において、蠅男の造形はまことに稚拙である。飛蝗の顔をアレンジした仮面ライダーのマスクのほうが、昆虫の顔のデザイン化という点においては百倍優れた造形だろう。デザインだけを見れば、不出来な続篇『蠅男の逆襲』（エドワード・L・バーンズ監督、一九五九）のほうが人口に膾炙しているし完成度も高い。ストーリーは聖典がベスト、蠅男の姿かたちは続編がベストというおかしなことになっている。

個人的には、本当の主人公は天才アンドレ博士が発明した物質転送機なのではないかと思っている（この予想は、ドン・シャープ監督による一九六五年の続々編『蠅男の呪い』で証明される。後述）。この装置を巡る試行錯誤の最後に、博士と蠅とが合体したモンスターを転送機は作り出してしまう。そこまでのプロセスで、皿を電送したら裏側の made in japan の文字が裏返ってしまったり（失敗）、猫を電送したら途中で空中に拡散してしまい原子猫となって鳴き声だけが頭上から虚ろに聞こえたり（失敗）、冷えたシャンパンを電送したらこれは冷えたまま味も変わらなかったり（成功）、そうしたあれこれがいちばん楽しい。実験用の物質転送機は自宅の地下にあり、発信装置と受信装置はせいぜい数メートルしか離れていない。やたらと電球が明滅する安っぽい電子機器が希望や悲劇を生み出すという妙なお手軽さ——これこそがB級低予算映画の醍醐味である。

自分自身を電送しようとしたアンドレ博士は、うっかり蠅が紛れ込んだために、再生時に蠅と混ざり合ってしまう。結果として頭と左手が蠅の「蠅男」が生じてしまう。にもかかわらず、蠅男には博士の思考がしっかりと宿っている。ただし次第に脳は蠅のそれに占拠されていくらしく、完全占拠された時点でモンスターとしての蠅男は完成となるのだろう。自分の姿を妻に見せまいと黒い布を頭から被り、左手は白衣のポケットに突っ込み、もはや発語は出来ないため右手でタイプライターを打って博士は会話を成立させる。黒い布を被っているぶんには天才科学者、布を取り去った途端に怪物と認識されるという事実も、なかなか示唆的である。

ストーリーとしては、頭部が蠅の人間（蠅男）が生じたと同時に、頭部が人間の蠅も生じたという理屈が推進力となる。後者の蠅を捕まえ、もういちど蠅男と一緒に物質転送機で送ってみれば、今度は上手く蠅と人間とに分離出来るのではないかという希望である。しかし頭部がアンドレ博士になっている蠅を捕らえることは叶わず、絶望した蠅男はすべてを隠蔽すべく書類を始末し転送機を破壊し、自らをも抹殺するために、妻に手伝わせてプレス機で頭を潰してもらう。一種の自殺である。そうやって「失敗の象徴」「醜悪さの極致」である自分の姿を世間に残さないようにした。潰したあと、黒い左手が残っていたので妻が自分の判断でもう一度今度は左手をプレス機で潰すところが素晴らしい。それこそが愛であろう。

オチとして、頭部がアンドレ博士にすげ替えられている蠅（これを捕まえられさえすれば、救いはあったのに！）が庭の蜘蛛の巣に捕らえられている場面が出てくる。小さな甲高い声で「助けてくれ」と聞こえてくる。蠅の胴体を持ったミニチュアの博士は、恐怖で髪が真っ白になっている。（博士にとっては）巨大な蜘蛛が、襲いかかろうとしている。それを目にした警部（妻から蠅男の顚末を告白されるが狂人の戯言（たわごと）と思っていた）と博士の弟は凍り付く、さらに次の瞬間、警部はその光景に耐えられなくなって、衝動的に石で蜘蛛と蠅を叩き潰してしまうのである。すべては悪夢だったという結末に持ち込んでしまうために。

なるほど蠅男はモンスターであるものの、実は「可哀想な人」なのである。事故の犠牲者に過ぎず、別に悪事などしでかしていない。化け物！　とその外見から誤解されているだけだ。そういったあたりが、容貌コンプレックス著しいわたしの琴線に触れる。にもかかわらず、この物語はホラーとかSFとか悲劇というよりも、所詮は冗談ないし与太話のレベル——頭部だけがアンドレ博士になっているちっぽけな蠅の姿は間抜け以外の何物でもない——に留まってしまうのである。ジョークなら成立するが、大真面目にそれをドラマにしようとすると、いくらでも矛盾やツッコミどころが出てきてしまう。最初から、物語として無理な要素を抱えた作品なのである。それなのにイメージ的には鮮烈で説得力に富む。その不完全さが、なぜかわたしを慰める。

蠅男の魅力に気づかぬまま論理的矛盾ばかりをあげつらい嘲笑する連中のことを考えると、わたしの著作を決して評価しようとしない連中と彼らとが重なって見えてしまう。そんな一方的な思い入れをされても蠅男のほうが迷惑だろうけれども、ラム入りミルクで酔ったわたしは仲間意識にも似た共感をミスター蠅男へ寄せずにはいられないのだ。

そうした負け犬的共感と世間への逆恨みが、まことに不快な姿の蠅男を「我が愛しの怪物」へと引き上げる。そして蠅男の魅力が分かる人間はよほどの奴だ、なんて勝手に思うわけである。我ながら舌打ちしたくなってくる。

昨今では蠅男の映画というとクローネンバーグ監督の『ザ・フライ』（一九八六）を思い浮かべる人のほうが多いらしい。確かにドラマとしてもホラーとしても特撮映画としても段違いに聖典を凌駕している。蠅と混ざってしまうのをDNAレベルとしたため、次第に全身が蠅の特徴を帯びていくプロセスがまことにスリリングだ。上映された当時はエイズが得体の知れない致死性疾患として世間を不安にさせていた時期であった。エイズの免疫不全状態がもたらす身体変化と蠅への変身とが重ね合わされているような不快かつ恐ろしい映像だった。ただしモンスターのデザインとしては、蠅ならば強調すべき複眼の大きな目を無視した作りであったのがまったくの興醒めであった。その一点において、わたしは『ザ・フライ』を支持しない。

ちなみに『ザ・フライ』は、封切りをニューヨークの映画館で妻と観ている。夜遅くの上映だったからなのか行儀の悪い客ばかりで、皆平気で煙草を吸っている。ときどき警備員が回ってくると、あわてて煙草を隠す。不良気取りの低偏差値高校生みたいであった。当時はわたしも妻も一緒に煙草の煙を吹き上げていた。誰もがホラーというよりは手の込んだジョーク映画と認識していて、蠅男が消化液を吐き出したりすると、あちこちから「オエッ」「ウゲッ」などと笑い交じりの声が上がる。最後の悲劇的な場面では歓声が上がり、クローネンバーグが居合わせたらさぞかし嫌な顔をするだろうなと思ったものである。楽しかったけどね。

聖典『蠅男の恐怖』には原作があって、フランス生まれのイギリス人ジョルジュ・ランジュランの短篇小説「蠅」（一九五七）である（早川書房の異色作家短篇集⑤『蠅（はえ）』として二〇〇六年に再刊されている）。プレイボーイ誌に発表されてすぐに映画は制作されたことになる。この原作も、引きこもり中に読んでみたのであった。映画が、まことに忠実に原作をなぞっているのがよく分かった。皿の電送に失敗して裏側の made in japan の文字が裏返ってしまう場面では、本当に鏡文字の活字を使って印刷されているといった凝りようであった。

それにしても、原作のほうが映画よりもエグいとは思ってもみなかった。映画では博士と蠅が混ざってしまう。だが原作では、妻の助言に従って蠅男はとりあえずもう一回自らを電送してみるのである。パソコンの具合が悪くなったとき、苦し紛れに再起動をしてみるように、もう一度電送を（とくに意味もなく）してみる。するとどうなったか。

既に再生に失敗して空中に拡散してしまった白猫（名前はダンディロー）が、まだ残り香のように「たゆたって」いたらしい。今度はそれまでもが混ざってしまい、猫・蠅・人間の三位一体となってしまうのだ。該当部分を稲葉明雄訳で引用してみよう。

わたくし（引用者注・語り手は博士の妻である）が完全な無に帰するまで、なにものも、その恐ろしい姿を、わたくしの眼前からのぞき去ることはできません。まっ白な頭髪、つぶれたように扁平な頭蓋、二つ突きでている尖った耳、桃色に濡れた鼻もまた、猫のそれでした。それも、おどろくほど大きな猫の……それに、その眼！　眼と呼ぶよりは、眼があるはずの位置に、小皿ほどの大きさで、茶色に光るふたつのかたまりがあるのでした。動物か人間か、口のかわりに、毛の生えた長い割れめが、垂直にひび入っていて、そこからは黒い管が、ラッパのように先ひろがりの形で、顫（ふる）えながら垂れさがっているのです。たえず唾液をしたたらせながら……

こんな怪物を目にした妻はパニックをきたして気を失い、そのあいだに蝿男、いや猫蝿男の夫はタイプライターで以下のような文章を彼女宛に打ち込む。

いまこそ、一切が了解できたろう。最後の実験は、また新しい不幸を生んだ。かわいそうなアン（引用者注・映画では、妻の名はエレーヌに変えられている）。きみはおそらくダンディローの頭の一部を見たことだろう。分解機にはいったとき、僕の頭は、蠅のそれだった。それが今は、眼と口がのこっているだけで、あとは猫の頭の一部と入れかわってしまった。あわれなダンディローの原子は完全に合成されきらなかったのだ。こうなっては解決策はただ一つしかない。それはきみにも解ったことと思う。ぼくは消え去るだけだ。用意ができたら、ドアをノックしたまえ。きみの行動を教えるから。

いやはや原作がここまで悪趣味とは思わなかった。だが鬱屈人間としてのわたしは、そうした描写にわくわくせずにはいられない。もし自分がこの分解機だか物質電送機だか転送機を所持していたらどうだろう。頭の中で思い描くのである、これを、悪ふざけそのものを体現させる処刑道具にしてみたい、と。あの世渡りに長けたクソ野郎は、その身体を〈ゴキブリ〉と〈首振り扇風機〉と合体させてやろう。嘘つきのあいつは〈ナメクジ〉と〈亀の子タワシ〉と合体させてやろう。裏切り者の某は〈ダンゴムシ〉と〈一輪車〉と合体させてやろう。もう生物だかガラクタだか分からないようなグロテスクな存在に変えて嘲笑してやろう、と。馬鹿馬鹿しくて現代芸術にもならない存在に変えてやるのだ。

そんな暗い想像をしながらラム入りミルクを飲むのである。

ところで引きこもっている最中に、ふと気づいたことがある。人の心において最大の宿痾は、自分の気持ちを周囲に「察して欲しい」と願ってしまうことではないのか、と。いや、そんなことを願う前にちゃんと自分で表明なり説明をすればよかろうと思うかもしれないが、そんな簡単に語れるほど単純ではないデリケートな気持ちにおいて、人はいつも「察して欲しい」と切望するのではないか。その願いを無意識レベルに押し込めている人も少なくなさそうだけれど、とにかく自分から言い出しては恥ずかしいし、しかもニュアンスを上手く伝えられない。そのあたりを適切に察してもらってこそ、人は自分が肯定されたと安心出来るのではないのか。

わたしは子どもの頃、親に「これが欲しい」とはっきり言えなかった。言ったら叱られるわけではなかった筈だ。でも、子どもが欲望について「あからさま」に意思表示をするのは恥ずかしいうえに卑しいことである、親の決定に素直に従うべきであるといった観念をわたしは植え付けられていたような気がする。それは知らぬ間に親と結ばされていた合意のようなものであった。たとえばわたしが運動靴を購入するに際してAとBとどちらを選択するべきかといった場合、わたしが「Aがいい！」と言ったとしよう。親はにこにこしながら「うん、Aもいいねえ。でもやっぱりBのほうが良さそうだよ。ねえ、どうしようか。Bにしちゃおうか。そうだねBにしちゃおう」と巧みに言いくるめられてしまう。それでもAがいいとわたしが主張するのは羞恥心を欠いた振る舞いであるといったムードが親子間で作り上げられていたのである。

おそらく親は、子どもに共感し受容しつつも、結局は（大人の目から見て）適切な判断を最終的に下そうという戦略だったのではないか。だからわたしはいつも不全感と、どこか騙された気持ちと、最終的には無力感にどっぷりと浸されるのであった。

しかしわたしなりに抵抗は試みた。親に先回りして「Bは悪くないけど、Aにしてみるのも新鮮だよねえ」的な言い回しをするのである。そのときわたしは「察して欲しいんだよ、親としてはきっとBを選びたくなるだろうけど、ボクはAがいいんだ。理屈なんかじゃない、とにかくAがいい、それだけなんだ」と心の中で叫んでいる。そんな体験の繰り返しがわたしにおいては「察して欲しい」欲望の始まりだった気がしており、むしろわたしの家庭は普通から外れていた気がするので、「察して欲しい」なんて思うのは自分の異常性のひとつだろうくらいに二十歳頃まで思っていた。

だが誰もが「察して欲しい」と思っているらしいことに次第に気づいてきた。そのことを言語化しないいままずっと過ごしてきて（精神科医になってもなお）、やっと引きこもりの最中に明確に意識したというわけである。

　他人の場合は、どのような経路で「察して欲しい」欲望に辿り着くのだろう。挫折感や無力感の落としどころとして「察して欲しい」という甘えにも似た心情が用意されているということだろうか。

　まあそれはともかくとして、チープな怪物映画やホラーを観ていると、そうしたジャンルへの制作者たちの愛情（たとえ監督はしぶしぶ撮っていたとしても、スタッフには妙に熱心な奴がいたであろうと思えることが多い）とともに、世間的には高く評価されない仕事をしている自分たちの屈折を察して欲しいといった彼らの感情がどこか微かに伝わってくる。もしかするとわたしの片思いに近いのかもしれないが、こちらとしては勝手に「察して」少々胸が熱くなってしまうのだ。

　続篇の『蠅男の逆襲』はかなり評判が悪い。聖典『蠅男の恐怖』がカラーだったのにこちらはモノクロになっているのも、最初から期待されずに低予算で制作されたからだろうか（蠅男はモノクロのほうが映えるので、わざとカラーを避けている可能性もあるだろうが）。とにかくストーリーがぐだぐだなのだ。アンドレ博士の息子が、父の悲劇を知って自分こそが物質転送機を完成させようとする。そうした意気込みはよろしいが、弔い合戦とばかりに研究に邁進する姿は何だか頭が悪そうなのである。共同研究をしてくれる友人の裏切りに遭って息子は「故意に」蝿男にされてしまう。蝿男は裏切り者を殺し、最後には無事に人間に戻る。つまらない物語である。

だが、先述したように蝿男の造形はナイスだ。複眼がたっぷりと大きく、蝿の頭全体と人間の身体とのバランスがすこぶる良好である。しかも蝿男に羽があるわけではないので、彼は徒歩および隠れてトラックに便乗することで裏切り者を殺しに赴く。何よりも素晴らしいのは、森の中を蝿男がとぼとぼ歩いて行く様子がシルエットで映し出される場面である。モンスターとしての哀愁が漂い、寂しく歩いて行く様子には心を揺さぶられる。このシーンの素晴らしさに言及する人がいないのは不可解だ。それともラム入りのミルクを飲まないと、良さが見えてこないのだろうか。わたしに紙切り芸人の才能があったら、森を歩く蝿男の姿を黒い紙で切り出して壁に飾っておくだろう。

続々篇の『蝿男の呪い』は、蝿男が登場しないことでマニアたちには有名である（やはりモノクロ）。アンドレ博士の孫が、その息子二人と一緒に今なお物質転送機の研究を続けており（したがって蝿男シリーズは親子四代にわたる物質転送機サーガなのである）、ほぼ完成に近づいている。この映画の設定で重要なのは、以下の四点である。

①人体実験に失敗し、怪物となった人たち（そのうちの一人は曾孫の嫁！）が一家の別棟に幽閉されている。ただし蠅男的な複合怪物ではなく、どうやら強烈な放射能を浴びて皮膚が爛れたり変異しただけのように見える。つまり病人にしか見えないのにそれが怪物と認定されているところに、倫理的な抵抗感を覚えさせるのである。

②アンドレ博士の息子が蠅男に化したあと、人間に戻っても遺伝的には蠅の要素が取り込まれてしまったらしい。そのため、孫や曾孫たちは老化の速度が異常に早く、定期的に血清を注射しないと生命に危険が及んでしまうのである。

③物質転送機を、他殺死体を隠すための道具に使う場面がある。それによって、いわば究極のアリバイ作りが可能となる。

④警察はアンドレ博士の末裔たちをしっかりとマークしている。蠅男の子孫たちが、いまだに「よからぬ」ことを研究している、と。札付きのマッドサイエンティスト一家の系譜という設定になっているのである。

――これら四つ「も」ある設定をもっと上手に使えばちょっとした映画になったであろうに、まったくそれを活かしきれていない。①は幽閉された怪物に工夫をすればそれだけで面白くなったに違いないのに、結果的には眉を顰(ひそ)めさせるだけの結果に終わってしまった。②は、最後に曾孫が血清を注射出来ずにあれよあれよと老化し、たちまちのうちに骸骨になってしまうところは悪くない。だが、蝿男の末裔という設定にしては「ひねり」が足りない。ラム入りのミルクを好むといった場面も出てこないのが残念だ。③も、死体をいっぺんに二体電送したら混じり合ってしまい、わけの分からない肉塊となってしまったのはいいけれども、グロテスクに関して詰めが甘い。④だけが、まあ見るべきところであり、物質転送機を巡る異常な一家の物語とまとめればそれなりの奥行きを感じることが出来るのだった。

ではさらに続篇は可能なのか。ロケットで物質転送機の受信器を予め火星に送り込み、次手に宇宙服を着た人間を電送しようとしたが……という『火星の蝿男』を今思いついたが（六〇年代のアメリカで、実際にこのタイトルの映画がドライブイン・シアターで上映されていたとしても納得してしまいそうだ）、さすがに荒唐無稽に過ぎる。しかし鬱屈しているときには、そんな馬鹿げたことを想像してみるのは多少なりとも慰めになる。

ランジュランの小説「蝿」が発表されるちょうど十年前に、本邦で物質転送機の悲劇を描いた短篇小説が登場している。日本のSFの父、そんなふうに称されることもある海野十三の筆によるもので、題名は「断層顔」という。関心のある向きにはネットの青空文庫で全文閲覧可能である。

時代設定が突飛である。昭和五十二（一九七七）年となっている。ただし執筆されたのは一九四七年だから、三十年後の未来世界を描いている。七七年といえば、アメリカン・ニュー・シネマが娯楽大作へと変貌しつつあった時期である。『未知との遭遇』『スター・ウォーズ』『サタデー・ナイト・フィーバー』などが封切られ、いっぽうデヴィッド・リンチ『イレイザーヘッド』、アルトマン『三人の女』なども発表されている。我が国では『八甲田山』『宇宙戦艦ヤマト』『人間の証明』が上映され、前年制作の『ロッキー』も大ヒットした。プレスリーが亡くなり、カラオケだのスーパーカーのブームだのが起き、イーグルスの「ホテル・カリフォルニア」とピンク・レディーの「ウォンテッド」がヒットしていた。あまり戻りたくない時代である。

主人公は海野十三のシリーズキャラクターである名探偵・帆村荘六で、ただし未来の昭和五十二年においては、すっかり老人になっている。が、人工内臓を定期的に交換することで元気に生きながらえている（つまり帆村荘六はサイボーグになっている）。助手が「美人」の人造人間カミユ嬢であったり、テレビ電話があったり、動く道路でどこにでも行けたり、いかにもラジオがまだ真空管を使って組み立てられていた頃に思い描かれた未来世界に老探偵は住んでいる。

事件はどのようなものなのか。依頼人は谷間シズカという美女で、とんでもなく奇怪な顔の男にストーカーされているので秘密裡にどうにかして欲しいというものであった。引き受けた帆村荘六は助手を伴って谷間シズカ宅の近くへ赴き、彼女が恐れている「恐ろしい顔の男」を目撃する。どれほど恐ろしい顔だったのか、創元推理文庫版より本文を引用する。


「見えます、僕にも。ああッ。……実にひどい顔!」

「ううむ」老探偵も携帯望遠鏡を目にあてたまま呻る。「ああいう畸形にお目にかかるのは始めてだ。胎生学の原則をぶち壊している。傾壊しかかった家のようじゃないか」

「おそろしい顔があったものですね」

前につき出した顔や、後に流れたような顔は、それほどふしぎではない。その他のおそろしい顔であっても、まず原則として、顔のまん中の鼻柱を通る垂直線を軸として、左右対称になっているものである。おそろしい大関格のお岩さまの顔であっても、腫物のためなどで左右の目がやや対称をかいてるが、全体から見ると顔の軸を中心として左右対称である。――ところが今見る顔はそうでない。第一鼻柱が斜めに流れている。そして全体が斜めに寝ている。ふしぎな顔だ。その上に、腫物のあととも何とも知れぬ黒ずんだ切れ込みのようなものが顔のあちこちにあって、それが彼の顔を非常に顔らしくなくしている。唇も左の方に、かすがいをうちこんだようなひきつれが縦に入っている。こんな曲った顔、こんな気味の悪い顔は、畸形児図鑑にものっていない。いびつな頤は見えるけれど、いびつである筈の頭蓋は茶色の鍔広の中折帽子のために見えない。

この「ひどい顔」「畸形」「おそろしい顔」「ふしぎな顔」「曲った顔」「気味の悪い顔」が、すなわち断層顔である。顔を地層に見立て、それが斜めに歪み食い違いが生じているかのような顔ということだろう。生まれつき、あるいは怪我などでは生じ得ない顔というところに物語の勘所がある。

断層顔のあやしい人物は木田健一という。かつて彼は谷間シズカの夫、碇曳治とともに火星探険隊のロケット流星号に密航した。ロケットのクルーは桝形隊長に率いられた桝形探険隊という（何だかアフリカ探険隊みたいな名前でカッコイイ）。地球を離れて三日目に、木田、碇の密航者二名は発見されてしまう。桝形探険隊としては、臨時に一名だけは火星飛行に同伴させる余裕がある。しかし二名は無理である。そこで密航者たちに籤を引かせ、負けた木田は宇宙船の外へ放り出されることになった（なぜか落下傘を着けさせて放り出すのである、外は真空であるだろうに）。以下は帆村探偵の絵解きである。

「木田の処理は交川博士に命じられた。博士は流星号の機械関係の最高権威なのだ。博士は木田を落下傘で下ろすかわりに、別の方法を取ろうと考えた。それは博士がかねて研究した人体を電気の微粒子に分解して電送することだ。これは百パアセント成功するとは保証されていなかったが、落下傘を背負って暗黒の天空へ捨てられるよりは、余程生還の可能性が大きかった。このことは博士から木田に対して密談的に相談せられ、木田は同意した。

（中略）

「木田氏の身体は２３ＸＳＹ無電局で受信せられ、再び身体を組立てられたが、不幸にも送信機と受信機の調子が完全に合わなかったことと、運悪く当夜強い空電があったために、再生の木田氏は、あんなに断層のある醜い顔、いびつな身体になってしまったんだ。しかし木田氏が生命を失わなかったことは祝福すべきだ。その木田氏は体力が恢復すると碇曳治に恨みをかえさないではいられなかった。（以下略）

密航が露見し、二人のうちどちらが宇宙船の外に放り出されるかを決める籤を引いたとき、碇曳治がインチキをしたことに木田はあとで気づいたため、激しい恨みを抱いたのだった。しかも碇は桝形探険隊が火星から戻った直後、木田の婚約相手だった谷間シズカ嬢と首尾良く結婚してしまった。だから断層顔となった木田は未練のあまりにストーカーと化していたのだった。

あれやこれやで卑怯者の碇は警官に撃たれて死亡し、木田については「……例の無電局の草加技師に頼み込み、木田の身体をもう一度分解して空間へ電波として送り出し、それを別の局で受信してもう一度木田氏の身体を組立て直したのであった。そのとき草加技師の並々ならぬ努力によって、木田の顔面と身体の歪みを直すと共に、混入していた空電をすっかり除去した。

その結果、木田は若々しい美青年に戻ることが出来たそうである」。なんと本来の木田は美青年だった！　それだけではない。元の顔に戻った木田はシズカ嬢とめでたく結婚にゴールインしたのだった。

と、ずいぶん御都合主義のストーリーだが、文体のせいかそのいい加減さが気にならない。むしろ、どこか貧乏臭いレトロフューチャー感が好ましい。少なくとも『蠅男の呪い』なんかよりはよほどマシだし、その気になれば映画にも出来そうだ。わたしが『火星の蠅男』なんて続篇を想像したのも、もしかするとこの「断層顔」の筋書きに影響を受けていたのかもしれない。

さて、今現在のわたしはちゃんと仕事をしている。早朝から電車で病院まで出掛けて、診察をしたりときには保健所で精神保健相談をしたり、市民や医療従事者を相手に講演ないしは講義をしている。つまり引きこもってホラー系やモンスターなどのＤＶＤばかり観ていたおよそ三カ月の日々から脱出したわけである。

あのときはイーライ・ロスの『キャビン・フィーバー』（二〇〇二）を、ちびちびとラム入りのミルクを飲みつつ観ていたのだった。真っ昼間だったけれど部屋を暗くして五十二インチのモニターで観ていたので、それなりにのめり込める。

次々に死んでいくアホな若者たちの姿を眺めながら、なぜかふと、こんな生活を送っていたらオレは蠅男みたいになっちまうぞと思ったのだった。そう思う理由のひとつには蠅男の飲み物であるラム入りミルクを自堕落に味わっていたからであり、もうひとつの理由は、このままではどんどん現実離れした想像力で頭が膨らみ、遂には『蠅男の逆襲』に登場した蠅男さながらに頭が巨大化してしまうといった馬鹿げた光景が脳裏に浮かんだからだった。引きこもりは孤独な状態であるが、ミスター蠅男の孤独感ときたらそれはもう悲惨そのものであろう。『マイライフ・アズ・ア・ドッグ』（一九八五）で語られる、人工衛星の中で死んだライカ犬の孤独に匹敵するに違いない。でも、今なら蠅男の孤独へ陥る前に引き返せる筈だ、今すぐになら。発想自体が既に現実から逸脱しているものの、とにかくわたしは蠅男のイメージを介して「我に返った」のである。

その日の晩に先輩へ相談の電話を掛け、仕事先を紹介してもらい、そこからあれこれとつながりを辿って現在の病院で働いている。精神的には今も全然健康ではないが、引きこもっていた時期に比べればずっと「まとも」である（たぶん）。そうしたわけで、わたしにとって蠅男とラム入りミルクには特別の感慨がこもっているのである。

第二章
オレが作った筈の映画

第二章　オレが作った筈の映画

人間蒸発

精神科外来の診察室で、五十代後半の婦人と面接をしていたときのことである。問診の一環として、夫について尋ねてみた。すると彼女はあっけらかんとした調子で、

「あの人は、二十年前に蒸発しました」と、答える。

蒸発？　一瞬、路上で一人の男がみるみる気化して空中に拡散していく光景が浮かんだ。まるで安部公房が小説に描きそうな光景じゃないか。それが小説ではなくて現実から立ち上がってくる感触は、粒子の粗いモノクロ画面のようにざらついている。

蒸発したんですか――そう問い返そうとしたままこちらが困惑しているのを見て、婦人は説明を加えてくれた。

ある冬の朝、いつもの通りに会社へと出掛けたきり、夫は消息不明になってしまった。神隠しも同然と思えるほど、完璧な消息不明であった。

当日、出社はしていなかったので、会社へ向かう途中で姿を消したのだろう。いや、自宅から最寄り駅まではいつも通りであっても、そもそも会社とは正反対の方向の電車に乗ったのではないか。そうでなければ失踪の「醍醐味」に欠ける気がする。

おかしな素振りも、失踪の理由になりそうな事情もなかった。預金を引き出したりもしていないし、自分としては夫婦の間もおおむね円満なつもりでいた、と。もちろん心当たりをあちこち探してみたし、警察にも届けた。でも行方はまったく分からず、自殺とも思えず、そのまま現在に至っている。意外な場所で姿を見掛けた、なんて噂すら耳にすることはなかった。

そんな顚末を、他人事のように淡々と語る。今では未練もないし、裏切られただとか見捨てられたなどと恨んでもいないと言い添えた。

理由も判然としないまま配偶者が消え失せるなんて、これはまさに事件でありドラマだろう。生死すら五里霧中なのだ。生活の基盤がいきなりひっくり返されたわけだし、茫然自失のみならず猜疑心や不安に翻弄されたに違いなく、そうした体験に対していかに自分なりに決着をつけたのかは精神科的にはきわめて重要な案件である。でも彼女には、あえて辛い体験を無視しているかのような不自然さはなかったし、蒸発なんてせいぜい宝くじで十万円当たった程度の珍事と認識しているようにしか見えない。正直なところ、彼女は嘘をついているのではないかと疑ったほどであった。

夫がいなくなってしばらくしてから彼女は実家に戻り、子どもはいなかったし再婚もしないまま今日まで生きてきた。離婚手続きも済ませてある。

この婦人は不眠を訴えて受診し、半年くらい眠剤を一種類だけ処方されていたがそのうちに通院頻度が減り、いつしか縁が切れてしまった。不眠の原因に、消え失せた夫の件が関係していたのかどうかは分からない。

それにしても、わたしは「蒸発」という言葉に昭和っぽい（安部公房っぽい、ないしは松本清張っぽい、と言い換えても構わない）語感と得体の知れない気味の悪さを覚えて、それなりに衝撃を受けたのである。

いわゆる高度経済成長期の後半（六〇年代後半〜七〇年代前半）に蒸発という言葉が流行った。右肩上がりに繁栄していく世の中には、その陰画として社会から姿を隠さざるを得ない人物も出てくるだろう。当然のことだ。蒸発した人の情報を求める公開番組をテレビで何度か見た覚えがわたしにはある。家族の強張った表情や泣き崩れる顔。家族アルバムから引き延ばされた失踪者本人の顔は大抵笑顔で、その落差がホラー一歩手前のように感じられた。一九六七年には今村昌平が『人間蒸発』という映画をATGで撮っている。人探しのドキュメンタリーの筈が、途中から虚実が入り乱れ始め、メタフィクションの様相を呈してくる。伝説の作品ということでずっと気になっていた。昨年ＤＶＤが発売されてやっと鑑賞したが、今となっては意欲ばかりが空回りする賞味期限切れの前衛作品にしか思えなかった。が、それでもなお、人が蒸発するというその禍々しさは確かに伝わってきたのだった。

わたし自身、不意に失踪してどこか遠い地方都市でひっそり暮らしてみたい誘惑に襲われることがある。二カ月に一回くらいの頻度だろうか。住み着いた土地でカウンセリングの技術を活かして占い師になったら予想以上に繁盛したとか、そういった甘っちょろいことを夢想するわけである。だが実際には、蒸発した人間が幸福になるなんてあり得ないとわたしは思っている。零落して変わり果てた姿だとか、発見されないままの無残な死体だとか、そういったものが蒸発のリアルだと信じているので、漠然とした憧れはたちまち息苦しさに変わってしまう。そして文字通り物理的に蒸発してしまうという意味で、恐ろしいイメージが当方の頭の中にはある。

戦記ものの雑誌か何かで読んだのだと思う。太平洋戦争中に、ナチスが開発したメッサーシュミットＭｅ一六三コメートという軍用機があった。史上初の実用ロケット推進戦闘機とされている。機体は水平尾翼のない奇形めいたスタイルで、そこにヴァルター式ロケット・エンジンを搭載している。このエンジンはヒドラジンとメチルアルコールを混ぜたＣ液と、高濃度の過酸化水素水を主成分としたT液とを混ぜ合わせることで駆動する。最大速度一〇〇〇km／hという驚異的な高速を誇ったが、エンジンの燃焼時間が七分しかなく、またコントロールの不安定さなどから実戦での戦果はほとんど挙げられなかった。人間にたとえてみるならば、天才的な頭脳の重度境界性パーソナリティー障害者みたいな飛行機だったわけである。

この異形の戦闘機は操縦席の横にT液のタンクがあり、事故で液が漏れるとパイロットの肉体を溶かしてしまう危険があった。わたしが読んだ航空機雑誌では、操縦桿を握っていたパイロットがT液の侵食によって文字通り「蒸発してしまった」と書かれており、たぶん小学生であったわたしは戦慄した。だって、もしそんなことが起きたら、事故機の周囲の空気を吸うことはすなわちパイロットの生々しい肉体を自分の肺の中に招き入れてしまう行為に他ならないのだから。

そうした記憶があるので、ますます蒸発という言葉には嫌な響きを感じるのである。なお漫画家の松本零士が戦時中の飛行士たちを活写した『ザ・コクピット』というシリーズがあって、その中にはMe一六三コメートの燃料タンクからT液が漏れ出して文字通りパイロットが溶解されてしまう場面があった。あの作品がトラウマになっている青少年も少なからずいるに違いない。

後味の悪い映画トップ10みたいなものがあると必ず挙げられるのが『ジョニーは戦場へ行った』（一九七一）である。確かにあれは救いがない。あんな嫌な状況をよくもまあ考え出したものである。とはいうもののわたしはこの映画を観たことがない。おそらくこれからも観る機会はないだろう。誰かからストーリーを教えられ、それだけでげんなりした。いちいち現物を観て確かめる気力はない。それに、考えようによってはこれは一発芸みたいな映画であり、アイディアだけに頼っているにもかかわらず深遠な作品ぶっているのではないかという反感が心のどこかにあるのだ。

わたしの母親は本が好きで、ハヤカワ・ポケットミステリを全部揃えているような人だったが、先日、彼女が残した本の中に『ジョニーは戦場へ行った』の原作本を見つけた。映画の脚本・監督に当たったダルトン・トランボが書いた長篇小説で、題名は『ジョニーは銃をとった』（一九三九）である。邦訳は昭和四十六年（ちなみに映画の本邦封切りはその二年後）に早川書房からハードカバーで出ており、自分の母親がわざわざこれを買って読んでいたのかと思うと不思議な気持ちになる。まさか息子であるわたしとジョニーとを重ね合わせて読んだなんてことはあるまい（たぶん）。存命中に本の存在を知っていたら、読後感を聞いてみたかった。

その古い本をわたしも懐かしさに駆られて読んだのだが、一四四頁に差し掛かるまで大変な思い違いをしていることに気づかなかった。小説版も映画版も、どちらも太平洋戦争での出来事だと勝手に信じていたのだけれど、この陰惨な物語は、実は第一次世界大戦での出来事だったのである。黎明期のオモチャみたいな布張りの飛行機が見せ物として故郷に巡回してくる場面が主人公の回想として出てくるものの、それは彼の子ども時代のことなのだからと錯覚を起こしていた。主人公が目と耳と鼻と口と四肢を失ったのは一九一八年九月であったと明記してあったのに出会って、やっと第一次大戦のことだったと分かったのであった。映画のほうを観ていればそんな間違いは生じなかったのだろうか。

第一次世界大戦は大正時代の前半の出来事である。個人的には、第二次大戦は現在と切れ目なくつながっているけれども、第一次のほうはむしろ時代劇に近いような遠い事件といった感覚がある。だが考えてみれば、当方が戦争について抱いているグロテスクさや「おぞましさ」は、実際のところ、第一次世界大戦の映像から刷り込まれたもののほうがメインであった。

たとえばガスマスク（防毒面）。あれを装着した人物の顔は恐ろしい。巨大な昆虫さながらで、冗談抜きにホラーである。死から免れるための装具であるにもかかわらず、死をもたらす怪物にしか見えない。

いかにもガスマスクといったゴム製二眼式・濾過フィルター付のGM-15はドイツで一九一五年に開発されている。ガスマスクを被った看護婦とか子ども用ガスマスクといった異様な写真は、第一次大戦で撮られたもののほうが多い。戦車だって、一九一六年のソンムの戦いでいきなり登場した英軍のマークI（世界最初のキャタピラ式タンク）の不恰好な車体は、原初的な恐怖を与えてくる。無慈悲な心と殺戮本能が合体したかのような野蛮な形だ。飛行船とUボートが最新鋭兵器として活躍し、八百万人が戦死、七百万人が恒久的な身体障害者となり果て、シェル・ショックといった症状が知られるようになった。ジクムント・フロイトの活動と同時代の暗い戦争であった。メッサーシュミットMe一六三コメートが第一次世界大戦に登場していたとしても、わたしにはさして奇異に思えない。

そんな事実を考え合わせてみると、なるほど『ジョニーは戦場へ行った』は第一次世界大戦のほうが似つかわしい気がしてくる。

ムカデ人間と武器人間

映画の好き嫌いの判断基準のひとつとして、「もし自分に才能があったら、この映画はオレが作っていてもおかしくないな」という、傲慢なのか妄想的なのか分からないような思いの寄せ方がわたしにはある。たとえばウェイン・ワンの『スモーク』を観ると、オレの作品かもしれないと勝手に信じてなおさら肩入れをしたくなる。『悪魔のいけにえ』も『ファーゴ』も『蝿男の恐怖』も同様。いっぽう黒澤明の作品は絶対に自分が撮るとは思えないから、いまひとつ距離感を覚える。『人間蒸発』はきわめてオレ的なのだけれど、自分の嫌な側面（あざとさとか、小賢しさとか）が前面に出ているように思えて拒絶感を覚えずにはいられない。『ジョニーは戦場へ行った』も、わたしの作品になることはあり得ない。なるほど観客を嫌な気分に引きずり込むところいかにもはオレ的だが、ちょっと正義とか正論めいた鬱陶しさが漂っている気がしてそこが反オレ的なのだ。（予告篇とスチール写真以外は）観てもいないくせに『ジョニーは……』に対してそのようなことを平然と言い放つわけであるが、一方的かつ偏見に満ちた判断をするのもまた映画の楽しみのひとつだろう。

最近の映画で「オレが撮ったかもしれない！」と感じた一本は、リチャード・ラーフォーストの『武器人間』（二〇一三）である。これが公開される前に同じ配給元からトム・シックスの『ムカデ人間』（二〇〇九）が出て話題になった関係から、『武器人間』のDVDパッケージには〈『ムカデ人間』を彷彿させる戦慄…今度は、人と機械をくっつけたい！〉というショボいコピーが印刷されている。

どうやら世間的には『ムカデ人間』のほうが（悪趣味の文脈においてだが）評価が高いようである。他人同士の肛門と口とを縫い合わせることで次々に人間をつないでムカデのように手足のいっぱいある結合生物を作り出す――それだけのコンセプトだが、矢継ぎ早にムカデ人間2、3と続篇を製作するたびに結合する人数は増加し、3では五百人をつなぐ。そうした暴走ぶりが喝采を浴びたのだろう。シリーズ全作と特典映像多数、さらに「ムカデ人間立体ペーパークラフト」およびステッカーをオマケにしたボックスセットは確かに物欲をそそる。つい気の迷いでわたしも買ってしまった。

けれどもやはり、『ムカデ人間』に与する気にはなれないのである。「オレが撮ったかもしれない」可能性はゼロなのだ。

そもそもこの作品は、小児性愛の犯罪者のことがテレビで報道されていたら誰かが「ああいったクソみたいな奴らは、どいつもこいつも肛門と口とを互いに縫い付けちまえばいいんだ」と罵倒した。それを聞いたトム・シックス監督が「面白い。それを実際にやってみよう」と考えた結果なのだという。そういったエピソードは好ましい。ろくでもないことを本当にやってみる、そのような精神は大切だ。けれどもアイディアには「筋の良いもの」「悪いもの」の二つがある。そしてムカデ人間のアイディアは明らかに筋が悪い。

裸で四つん這いになった人間を何名か並べる。先頭の人間の肛門に、次の人間の口を縫合する。その人間の肛門にその次の人間の口を縫合して……といった具合に結合させていく。それを実現しようとしても、物理的にかなり無理が生ずるのだ。犬や猫なら可能でも、人間の肛門は尻の割れ目に埋もれている。しかも人間の口は突き出ていない。そんなわけで、映画では腰の周りから次の人間の後頭部まで包帯を巻いてがっちり固定しなければならなくなる。包帯の白さを含めて、猟奇というよりもただの組体操かマスゲームみたいに見えてしまうのだ。スカトロ趣味も加わっているけれど、何だか余興めいている。無理なことをしている不自然さは否めない。

監督は顰蹙（ひんしゅく）ものであるのを計算ずくだ。史上最低のカルト映画になるのを目指している。史上最低となるためには、「ここまでやるか！」と観客を呆れさせる必要があるけれど、説得力に限界がある。アイディアそのものの「筋が悪い」からだ。

役者も「いかにも」といった人物を揃えて頑張っている。世の中には、たとえメイクや演技で底上げをしたとしても、こんなに漫画めいた人間が本当にいるのだなあと素直に驚かされる。だがそれは映画の価値とはまた別の話だろう。真っ昼間から部屋を暗くしてＤＶＤを鑑賞している当方にとって、妻は病院の外科病棟で働いているのにオレはこんなものをだらしない格好で観ているといった後ろめたさと、人生がいまひとつ上手くいかない屈託と、映画を作る側の馬鹿げた熱意や志、これら三種のカクテルが生み出す人口甘味料さながらの苦さを含んだ甘さが醍醐味となるわけだが、わたしにとってムカデ人間は熱意や志において不純物が感じられるのだ。アイディアの筋が悪いことなど承知で、それでも「あざとさ」や話題性を期待して見切り発車をしている。その見切り発車ぶりが嫌なのだ。こんなものを観ていては、妻に本当に申し訳なくなる。

ネットでこの映画を賞賛する人々も、ボックスセットの付録として「ムカデ人間立体ペーパークラフト」を考案する人も、見切り発車の部分を知りつつもあえて目をつぶっている気配がある。いや、わたしだって本当はムカデ人間を苦笑しつつ賞賛する側に回りたいのだ。だが、それをすると見切り発車の精神を容認することになる。それは駄目だ。そんなことを自分に許したら、わたしはますます駄目な人間に落ちてしまうだろう。いきなり話が飛躍して申し訳ないが、精神科医として今までさまざまな不幸を背負った人間を見てきたけれど、彼らは大概、自分でも分かっているくせにどこかで見切り発車的な振る舞いをしてその結果に苦しんでいる。酷な言い方をするなら、無意識レベルで自業自得の生き方をしている。薄々気づいているくせに。だからムカデ人間なんかに同調していると自ら不運や不幸を呼び寄せてしまうのである。人生が危険になるのだ。

ムカデ人間を創り出そうとするマッドサイエンティストはヨーゼフ・ハイター博士で、これまではシャム双生児の分離手術の大家として知られていた（ということになっている）。が、それに飽き飽きして今度は逆に人間を結合させようと考えたらしい。でもそのような思考に従うならば、口と肛門をつなごうとは考えまい。腕と腕を連結させるとか、脇腹同士を癒合させるとか、頭と頭をくっつけるとか、そういった発想になるのではないか。消化管を長大な一本に結合してしまいたい気持があるのなら、それ相応の伏線が必要だろう。ギャグで済まそうといった問題ではあるまい。詰めが甘いのである。だから所詮は「欽ちゃんの仮装大賞」レベルに終始している。

ムカデ人間全シリーズをいっぺんに観て辟易していたわたしは、『武器人間』もどうせ筋の悪いコンセプトの駄作だろうと予想していた。槍を持ったムカデ人間が闘うといった類の。だがその予想は、嬉しくも外れたのである。

太平洋戦争末期、東部戦線でソ連の偵察部隊がドイツの占領地で古い教会を見つける。そこには複雑な地下迷路があり、フランケンシュタイン博士の孫（ヴィクター・フランケンシュタイン博士）がヒトラーの指令で死体と機械を結合させて不死身の殺戮人間、すなわち武器人間を黙々と作り出していた、というストーリーである。ファウンド・フッテージ（第三者に発見された未編集映像）形式の映画になっている。

ソ連の兵士の視点で描かれた映画だからなのだろう、タイトル（*Frankenstein's Army*）やクレジットがロシア語で書かれている。ふうん。ところがよく見ると、それは単にロシア文字に似せたアルファベットで綴られている英語に過ぎないことが分かる。このインチキ・ロシア文字を理解した瞬間、これはなかなか好ましそうな作品だと直感した。いまふうの表現に倣えば、インチキ・ロシア文字によって早くもこの映画の「世界観」が提示されていると感じたわけである。つまり、フェイクさと安っぽさとをしっかり自覚したうえで荒唐無稽な（ただし手抜きはしない）物語をここに展開してみせますよ、と。

サスペンスとしての演出も上手い。クライマックスでは武器人間が狭い地下通路に次々に出現して兵士たちに襲い掛かる。武器人間たちは、モスキート、ウォールゾンビ、プロペラヘッド（これがわたしのお気に入り）、ケロイダー、レイザーティース、マミィ・エヴァ、デスマーダー、ハンマーヘッド等々で、これらの写真やデザイン画はネットでいくらでも見ることが可能だ。武器人間のデザインについてはかなり評価が分かれているようで、イマジネーションに欠ける稚拙な造形であると非難する向きも多いようだ。そうした人は、おそらくギーガーによるエイリアンみたいな完成度を求めているのだろう。だが武器人間にそんな完璧さがあっては逆効果なのだ。

ここに至って、わたしは『武器人間』が第一次世界大戦っぽいテイストで出来ているなあとつくづく思うのである。不器用で異形な生々しさが、発明されたばかりのガスマスクや戦車（タンク）や火炎放射器のような不完全なデザインで迫ってくる。実用になるかどうかも分からないまま、技術的好奇心と残忍さと倫理観の欠落によって性急に考え出された奇形のような存在である。これから洗練されて広く使われていくかもしれないし、あるいは科学者や技術者の妄想や悪意のままに終わるかまだ分からない存在。深層心理の暗い部分に直結しているかのような唐突な形態を備え、最先端の技術と日曜大工レベルの粗雑さとが混ざり合っている。いまだテレビもラジオ放送も知らない世代の人々が作り出したような、頑強で無骨で分かりやすい造形物だ。

冷静に考えてみれば、武器人間は白兵戦でしか威力を発揮しない。大量殺戮兵器とは対極の存在であり、そこからして時代錯誤である。おしなべて大量殺戮が可能な兵器はどこか抽象的な外観をしているものである。いかにもたくさんの人々を一瞬のうちに天国だか地獄に送り込んでしまいそうな、そんな禍々しさには乏しい。曲線に囲まれた気取った形をしているものだ。いっぽう局地戦や相手の姿を前にして闘う場合に使われる武器は、あまりにも獰猛で危険な印象を与えがちだ。刺青と傷跡と筋肉で威圧してくるチンピラよりも、洗練され紳士然とした武器商人のほうが遙かに始末が悪いようなものかもしれない。

武器人間は、怪物としての格はチンピラ程度である。それがぞろぞろと百鬼夜行のように出現してくる。そんなモンスターどものどこにわたしは惹かれたのか。

ムカデ人間はいくらグロテスクや猟奇を装っていても、屈託が感じられない。ソツのない人間が作った、いくぶん変態趣味の確信犯的最低映画である。ところが武器人間はもっと切実だ。作らずにはいられなかったという暗鬱な情熱が伝わってくる。リチャード・ラーフォースト監督の機械と死体を合体させたデザインには、どこか幼稚に見えるかもしれないが、子どもの頃からノートの端に延々と繰り返し描き続けてきた絵のような「ひたむきさ」がある。しかもそれを実際に映画化したその出来栄えはどうであろうか。

たとえばプロペラヘッド。人間の頭部を戦闘機のエンジンおよびプロペラに付け替えただけだ。プロペラがいわば刃物を振り回しているのと同じ役割を示す。それだけだ。でもエンジン部の重量感がしっかり画面から伝わってくるではないか。剝き出しのエンジンは汚れて油が染み出し、錆すらうっすらと浮いている。コードやパイプが露出し、結局は脇から回った兵士にコードを切られ、炎上してしまう。その呆気なさも含めてわたしには不完全な兵器のリアルさを感じずにはいられない。メッサーシュミットＭｅ一六三コメートやマークＩタンクのようなプロペラの回転数が変化し、音のピッチが変わるその空気感に胸がときめく。それにしてもエンジンの汚さは、まさに愛情のこもったリアリティーと呼びたくなる。

わたしの個人的な体験としては、『スター・ウォーズ』（一九七七）で薄汚れた宇宙船を目にしたときの驚きは強烈なものであった。と、そんなことを言いつつ一作もスター・ウォーズのシリーズを観たことがないのだが（ついでに申せば、『罪と罰』も『夏への扉』も読んだことがない）、宇宙船は五〇年代のキャデラックやサンビームのトースターや優勝トロフィーのように流線型でぴかぴかと輝いているものだと信じていた当方にとって、くたびれて汚れ、あちこちに改造の痕すら見て取れる巨大な貨物宇宙船といったイメージは驚き以外の何物でもなかった。ああいった宇宙船の嚆矢（こうし）はスター・ウォーズなのか？　ＳＦ映画に詳しい知人に訊いてみたが、どうもはっきりしない。鉄道模型においては当時既にウェザリングといって汚れを施すのが普通になっていた記憶があるので、あの時代にリアリズムの表現方法に大きな変革があったのかもしれない。

いずれにせよ、武器人間は肉の腐った臭いとオイルや錆や埃にまみれた機械との合体において、このろくでもない世界と十分に拮抗し得るだけの存在感を放っていた。妄想癖のあるいじけた引きこもり傾向の人間が思い描く「強さ」を体現してるかのような間抜けさが、滑稽さとグロテスクとを立ち上がらせてくる。まさに「この映画はオレが作っていてもおかしくないな」と思わせるのだ。

義手と眼帯

と、ここまで書いて、大好きな蠅男にせよ武器人間にせよ、自分は肉体が別な存在と混じり合ってしまうイメージに固執していることに気づく。そうした意味では、義足とか義手についい関心が向いてしまうのも同じベクトルなのだろう。自分自身を否定したい気持と、自分を超越したい願望がこんな嗜好を生み出すのか。

中学生のときに、新宿ミラノ座で『レッドライン7000』という映画を観た。監督はハワード・ホークス。一九六五年に製作され、翌年が日本公開となった。はっきり言えば、自動車レースが好きな人間だけが面白がるようなゴミ映画である。だから字幕や吹き替えのあるDVDも発売されていない。今後も無理だろう。当時、二十四分の一サイズのプラモデルの自動車を走らせる「モデル・レーシングカー」が大流行していた。繁華街にはモデルサーキットがあったし、自己流にチューンナップしたモデルカーで多くの青少年がスピードを競っていた。特に人気があったのはアメリカのセダンをレース用に仕立てて行われるストックカー・レースで、マニアはポンティアック・ボンネビルやプリムス・フューリーなどのプラモデルのボディーを使って競技会にエントリーしていた。ああいったものに夢中になっていた中学生が、今のような内向的で鬱屈した人物になってしまったのかと自分ながら不思議な気持ちにさせられる。

『レッドライン7000』を観に行ったのも、ストックカーが「本当に」レースをする光景を目にしたかったからにほかならない。ちなみにタイトルは、エンジンの回転数がマックスの7000になると回転計で赤いゾーンに針が振り切れるからである。当時はそんな知識にすら、胸を高鳴らせたものだ。

ストーリーは、三組の若い男女の恋愛とレースとが絡み合う他愛(たわい)のない話で、つくづくとアメリカの物質的豊かさを実感させられるばかりであった。上野のアメ横が、本当にアメリカからの輸入品を安く入手出来る場所として珍重されていた時代である。

映画の終盤で、主人公マイク（演じているのは、新人だったジェームズ・カーン）はレース中に大きな事故に巻き込まれる。車は大破し、彼は生死不明の状態でいったん話は終わったように作られている。ところがエピローグのような形でマイクは再登場する。マイクは命こそ助かったものの左手首を失った。だが彼はフック船長みたいな義手を装着する（その事実はラストシーンまで伏せられている）。メカニカルだけれど昆虫の一部分を彷彿とさせる義手だ。映画のラストは、右手および義手の左手でハンドルを握ったまま「今日も彼はレースで疾走している」みたいなナレーションとともにマイクがうっすらと笑顔を浮かべるシーンだった。

これは中学生であったわたしにとって、ショッキングそのもののラストであった。それなりに感情移入していたマイクが、異様な義手を装着したまま笑顔でレースカーを走らせている。能天気な気分でいたらいきなり冷や水を浴びせかけられたといった案配で、気持ちの整理がつかないまま複雑な表情で映画館から出てきた覚えがある。あの記憶も、どうやら巡り巡って武器人間に秘かにリンクしているように思えてならない。考え過ぎかもしれないが。なおジェームズ・カーンは、『フリービーとビーン／大乱戦』（一九七四）、『ローラーボール』（一九七五）、『ミザリー』（一九九〇）、『ドッグヴィル』（二〇〇三）などと、微妙に歪んだというかわたし好みのオフビートな映画に結構出ていて、まことに好ましい俳優だ。『スター・ウォーズ』とともに、『地獄の黙示録』（一九七九）および『ゴッドファーザー』（一九七二）は当方の「大きな声では言えないが、本当は観たことのない映画」なのだが、彼はその『ゴッドファーザー』が出世作だったことをさっきネットで調べて知った。

ところで『レッドライン７０００』は、「この映画はオレが作っていてもおかしくないな」の範疇に入るのかどうか、と思案してみたくなる。ラストシーンの嫌な後味は、完全にわたしの守備範囲だ。もし監督に質問することが出来たとしたら、ラストシーンは最初から狙っていたのか、それとも製作途中で思いついたものなのかを尋ねてみたい（七七年には亡くなってしまったし、虚言癖があったそうなので質問など無意味かもしれないが）。おそらく後者ではないかとわたしは考える。撮影をしながら、このままでは凡庸な映画に終わってしまいそうだと危機感を抱いた監督が、「ちょっとスパイスが必要だぜ」とばかりにシナリオライターと相談して急遽でっち上げた結末ではないのか。もちろんそれで正解であった。わたしの心に深く刻み込まれたのだから。

『レッドライン７０００』から四十年以上経って、ＤＶＤで吉田大八監督の『腑抜けども、悲しみの愛を見せろ』（二〇〇七）を観ていたら、とんでもなく恐ろしいシーンがあった。永作博美が演ずる「ものすごく善人だけれど空気が読めず幸薄い」人妻が、自分勝手な夫（永瀬正敏）から麺つゆを顔に浴びせられてそれが眼に入り、感染で片目が失明しかけるシーンである。「眼が痛い！」と七転八倒し、救急車に運ばれて何日か入院し、戻ってきた彼女は眼帯をしている。

ありがちな眼帯ではない。眼を覆うガーゼの上から、自転車のサドルみたいな形で立体的に膨らんだ防護用の金属ガードを当てている。それが顔に大怪我で欠損部分が生じてしまった患者へ応急的に処置をするための医療器具であるかのような、つまり第一次世界大戦テイストの何だか取り返しがつかないような酷たらしさを思わせる金属ガードなのだ。『レッドライン７０００』の義手のように唐突で無残に感じられた。にもかかわらず永作は明るく振る舞っている。そのいじらしさ！　わたしは息が詰まってソファから転げ落ちそうになった。物語の中で彼女の眼は無事に治癒したので安心したが、あの金属製眼帯による不意打ちは強烈であった。監督は、明らかに意識して行った演出だろう。当方は先端恐怖の傾向があって、眼を怪我したり失明するようなシーンが生理的に駄目なのである。だから当然のように『アンダルシアの犬』（一九二九）も駄目である。一応「あのシーン」は観たことはあるけれど。したがって『腑抜けども、……』のほうは「絶対オレが作るわけのない映画」というジャンルに分類されることになるのである。『クヒオ大佐』（二〇〇九）は逆だけれど。

ガスマスクを被った子どもとプロペラヘッド氏、そして義手のジェームズ・カーンとが仲良く並んで立っている――そんな記念写真が成立するような世界が、わたしの脳内世界なのである。

第三章

出口

第三章 出口

胎内巡り

十数年前に、少女漫画家のYさん、書籍編集者のN君と三人で胎内巡りに出掛けた。季節は晩秋、ウィーク・デイの昼間である。

世田谷区の二子玉川駅の近くに寺があって、寶泉山（ほうせんざん）・玉眞院（ぎょくしんいん）、通称「玉川大師」と呼ばれる。真言宗智山派寺院であり、創建は大正十四（一九二五）年だから「由緒ある」というほどでもない。ここの本堂の真下に、かなり大規模な地下霊場があり、これがいわゆる胎内巡りに相当する。N君は子どもの頃近くに住んでいたそうで、彼の案内で出向いたのだった。もちろん好奇心に駆られただけの遠征、いや遠足である。

微妙にキッチュな味わいの寺で、俗臭が漂うところがかえって好ましい。どこにあるかと探していると、二子玉川の住宅街にいきなり出現するのも何だか嬉しい。境内にはわけのわからぬ石仏がごちゃごちゃとあって、鳥獣供養の塔まであり、およそストイックとは正反対の雰囲気気なのだ。

本堂は意外と小さい。内部は埃っぽくて薄暗く、場末の古道具屋と仏壇屋の店内を混ぜ合わせたみたいにごちゃごちゃしている。隅っこで坊主が机に向かって事務仕事をしている。御燈明料百円を払うと、土足厳禁なのでゴムのサンダルを貸してくれる。それを履いて、本堂の地下へ急な階段を下りていく。すると地下五メートルほどの深さに、全長約百メートルの地下霊場が口を開けて待っている。玉川大師縁起によれば、「遍照金剛殿にして本堂より境内一円に及ぶ地下の参道は巨大な大日如来の胎内、胎蔵界マンダラをかたどっている」と。昭和九（一九三四）年に完成し、コンクリート造り。胎内には三百体の石仏が置かれているらしい。しかしこれらを拝むと四国八十八カ所・西国三十三カ所を巡礼したのと同じ御利益があるという謳い文句のお手軽さ加減が、かえって有難みを損ねている。

何となくナメていたのだが、いざ地下に潜って歩き出したら（先頭がN君、次がYさん、最後尾がわたし。喋ってはいけないと坊主に釘を刺されている）、完璧に真っ暗なのであった。右手でコンクリートの壁を伝いながら、摺り足で進むしかない。実に頼りない。目と鼻の先にYさんがいる筈だけれど、まさか背後から抱きつくわけにもいかない。闇はまさに原初的な恐怖に直結している手応えがあり、しかも道は蛇行したり急にループを描き、さらに上がったり下がったり波打っているので、たちまちのうちに位置感覚が失われる。道幅も妙に狭い部分があって息苦しさが増す。生き埋め一歩手前の気分だ。全長が百メートルほどであっても、気分的には遥かに長い距離を彷徨(さまよ)ったように感じられる。ときおり明かりがぼんやり灯(とも)っていて、すると石仏が陰気に並んでいるのが見えるが、すぐに視界は漆黒の闇に閉ざされてしまう。

メインの場所では番号の彫られた石像が薄明の中でびっしりと列をなし、無言のまま左右に鎮座している。ここで自分の数え年に相当する番号の石仏を拝むとよろしいらしい。釈迦如来涅槃像もあったらしいが、わたしのほうが動揺して、何が何やら判然としない。土俗感と冥界めいた雰囲気の混淆が半端でない。そこを過ぎるとまた闇のカタマリに包まれ、おろおろした気分で歩いて行く。

こうして十五分くらいで胎内巡りはいきなり終わるのだけれど、もっとずっと長い時間を地下で過ごしたように思えてならない。出口を抜けて本堂に戻ると坊主は相変わらず事務机に向かって静かに仕事を続けていたが、地下から出たらいつの間にか三十年の月日が経過していました、なんて言われても信じてしまいそうな非現実感に襲われる。

地下の参道は、どうやら本堂よりも広い範囲に広がっているらしい（と、縁起には書いてあったわけだが）。しかし、わたしたちの腹の中には全長約六メートルもの小腸がにょろにょろと収まっているように、道は複雑に折りたたまれているようだ。歩き回った実感としての地下霊場の規模に比べて、実際のスケールは意外なほど小さくショボいのではないかと思われる。その不思議な落差も、妖しい神秘を帯びて感じられる。

いまになってみれば、三人連れ立っての胎内巡りは楽しい思い出だ。でも、Yさんも N君も既に鬼籍に入ってしまったのである。闇の向こうに行ってしまった。二人とも、わたしより十歳以上若かったのに。もはや生き残っているのはわたしだけなのだ。それに気づくと、しんみりした気持ちになって溜め息を吐きたくなってしまう。

荒野とハイウェイ

ガス・ヴァン・サントが監督した『GERRY ジェリー』(二〇〇二)という映画がある。この作品の次回作が『エレファント』で、こちらはカンヌでパルム・ドールを獲得して評判になった。世界中で大絶讃である。しかしネットで調べてみると、『GERRY ジェリー』のほうは呆れるばかりに評判が悪い。退屈でドラマ性が皆無、意味が不明、時間の無駄、独りよがり、似非アート作品等々。おそらく興行的には大失敗で（いま調べてみたら、アメリカ国内では製作費に比べて興行収入は一割にも満たなかった）、にもかかわらず資金を調達して翌年に『エレファント』を発表したのだから、よほどこの監督には熱心な支持者たちがいるのだろう。

たしかに、ぼんやり観ていると『GERRYジェリー』は取りとめのない映画に思えるかもしれない。いや、不親切な映画というべきか。テーマすら見えてこないのだから。

だがあらかじめ、この映画が作られた契機となったエピソードを知っておくと、「取りとめのない映画」はまるで違ったものに変身する。ではそのエピソードは何かというと、

晴れた天気であったにもかかわらず、二人の若者が自然公園の中で道に迷った。何日も彷徨した挙げ句、途中で一人が死亡。生きて戻ってきたのは一人だけだった。しかも相棒が亡くなった場所は、後になって判明したことなのだが、ハイウェイからわずか三百メートルしか離れていなかった。

という実話である。この「妙に呆気ない要素」を含んだ不吉なエピソードから『GERRYジェリー』は構想された。

似通った話として、砂漠で行き倒れて死んだ者の多くにおいては、そこからほんの数十メートル先に、オアシスが存在しているものらしい。あと少しで助かった筈なのに、さもなければあと少しという部分においてドラマが生まれても良かった筈なのに、現実においてはたんに力尽きただけという結果に終わってしまっている。その身も蓋もない呆気なさが、逆に運命の無惨さを実感させる。

あるいは、「八幡(やわた)の藪知らず」。これは葛飾八幡宮に近接した不知八幡森(しらずやわたのもり)のことで、江戸時代には数多くの種類の樹木が密生していたが現在では青竹のみがみっしりと生えて暗闇を抱え込んでいる。ここに迷い込むと誰も出てこられないという有名な伝説があり、けれどもこの森ないしは竹藪は、実は十八メートル（十間）四方しか広さがない（案内板に記された数値による。かつてはその三倍近くの広さがあったとも言われるが、それでも面積はテニスコート二面分程度でしかない）。そんな狭い場所なのに、迷い込むと方向感覚を失い、「遭難死」してしまう。死体も見つからない。たったこれだけの広さしかないじゃないかという呆気ない事実と、にもかかわらず足を踏み入れると迷って出てこられなくなるというその組み合わせが、「そんな馬鹿な」という気持ちと「そんなことも、ひょっとしたらあるのかもしれない」という気持ちの双方を惹起（じゃっき）させてうそ寒い気分にさせられる。

精神的に混乱状態にあったり、譫妄（せんもう）状態にあったりすると、人は深さが十センチの水たまりでも溺死することがあるらしい。たった十センチの深さで溺れるというその呆気なさ、あるいは馬鹿馬鹿しさが、死という深刻な事態と均衡を保っているところに、恐怖に近い感情が生まれてくる。

そんな具合に、どうやら「死と呆気なさ」の組み合わせがテーマらしいと思って鑑賞すると、『GERRY ジェリー』は一気に禍々しい映画として立ち上がってくるのである。

映画は、冴えないハイウェイを走る古びた自動車を後ろから撮影したショットからスタートする。長々と同じ構図のまま走行していく光景が映し出される（これを長過ぎると感じる人は、ガス・ヴァン・サントとは相性が合わない）。やがて正面から走行中の自動車が映し出される。車内にはマット・デイモンとケイシー・アフレックが演ずる「ラフな服装をした二人の若者」が乗っている。無表情で無言なので、これからの展開の予測がまったくつかない。それから次に、今度は二人の視点から、どんどん背後に流れ去っていく路面と左右の景色が映される。ハイウェイの両側は殺風景きわまりない荒れ地である。

どうしてこんなショットが必要なのだろう。情報量があまりにも少ない。思うに、この映画では第三者が客観的に眺めた光景と、登場人物の目に映った主観的な光景とがごちゃ混ぜに描き出されますよという予告なのではないか。両者の混在こそが、実はドラマを生み出しているのである、と。その点については後述する。

自動車は止まり、二人は降りて歩き始める。目的は不明。バッグもリュックもなく、手ぶらだ。したがって水も食糧もない。ポケットに煙草のパックとライターがあるだけ。すぐそこまで、といった調子で歩き出す。周囲は灌木が散在し、「荒野の小道」と書いた立て札がある。舗装はされていないが、一応道がある。

表情は乏しいが二人は仲が良いようだ。普通、仲が良ければもっと豊かな表情を浮かべるように監督は指示しそうなものだが、観客に微妙な違和感を覚えさせ、そうした不協和音を積み重ねていくところに狙いがあるのだろう。

やがて二人は、わざと観光用トレイルを外れて歩いて行く。気まぐれな冒険心といったところか。他愛ない会話を交わしたり、追いかけっこをしながらマットとケイシーは歩みを進めていく。なお二人の（映画内における）本名は最後まで不明だ。

灌木と土だけの風景はちっとも変わらない。緑の色が少しダークになってきたようだが、大きな変化はない。そのうち、この「変化のなさ」はおかしいと二人は気づき、互いに顔を見合わせる。道に迷ったらしい。でも引き返そうにも、もはやどこをどのように歩いてきたかさえ分からない。そして夜が訪れてしまう。

夜になっても、彼らは慌てていない。時代的にスマホは持っていない。でもジッポーのライターは持っていたので焚き火をすることが出来る。火を眺めながら、二人は煙草を吸いつつ古代エジプトの話などをしている。落ち着いているのだけれど、水も食糧も持っていない筈なのだから、危機感がなさ過ぎるのではないか。ここでも微妙な違和感を観客は覚えるだろう。

翌日、風景は一変する。黙々と歩く（いや、迷い彷徨うと表現すべきだろう）二人の前には、白い岩が一面に広がっている。その白さが現実離れしている。象やマンモスやクジラの骨を連想させる。雄大な眺めではあるが、何だか不吉に思えるのだ。昨日の灌木だらけの風景とはあまりにも異なる。地続きであるとは信じられないし、こんな突飛な場所に来てしまったら困惑して引き返すのが普通のセンスではないだろうか。でも彼らは平然と進んでいく。

いつの間にか、ケイシーは四角く巨大な岩の上に立っている。高さは、四メートルはありそうだ。彼は降りられない。下からマットが尋ねる、どうやってそこに登ったのかと。すると、勢いでつい登ってしまったとケイシーは返答する。そんな馬鹿なことがあり得るのか。結局彼は飛び降りて、運良く怪我もしなかった。

再び歩いて行く二人の前で、さまざまな風景が次々に展開される。緑の山々に囲まれた荒れ地があるかと思えば、いきなり砂漠が現れたりする。砂丘の抽象的な形が、いよいよ現実感を遠のかせる。地球じゃないみたいだ。これほど目まぐるしく風景が様相を変えるなんて、ちょっと変ではないか?

山をいくつも越え、さすがに彼らは絶望的になっている。でもひたすら歩く。夜も歩いていたようだ。

三日目になると、二人は強風の吹きすさぶ荒涼きわまりない場所を歩いている。ごつごつした岩が両側に控え、足元は砂利だらけだ。背後から、風に追い立てられてタンブルウィード(回転草)が彼らを追い抜いて行く。いかにも無力な様子に映る彼らの姿が痛ましい。

進むべき方角を確認すべく、疲れ切った二人は荒れ地の中で相談を始める。だが記憶が混乱していて、なかなか結論が出ない。北へ向かえば(たぶん)ハイウェイに行き着くだろうと決めるが、自信はない。カメラは二人の表情をアップで映し出すが、ここでも彼らの内面は見えてこない。風景と同様に意味を失っている。

日差しがきつく、休んでいるケイシーの目には幻覚が見える。向こうから誰かが歩いてくるのだ。もちろん、実際には救いは現れない。脱水症なのだろう。太陽はやがて傾き、三度目の夜が訪れる。また焚き火をしている彼ら。水も食べ物もないまま経過しているのだから、普通だったらもはや動けなくなっているのではあるまいか。

そして四日目の明け方。真っ白な塩の平原（ユタ州北西部にあるボンネヴィル・ソルトフラッツで撮影された。ここは塩湖が干上がって出来た広大な塩の広がりである）を、二人はよろよろと足をひきずるようにして歩いている。さすがに衰弱が著しい。背後からレンズを向けられた彼らは、ゾンビのようだ。白くフラットな広がりは、砂漠以上に無情に感じられる。ついにケイシーは座り込み、マットも座り込む。そのうちに太陽が昇ってきて、塩の平原は灼熱の地獄となる。そこに二人は横たわっている。身動きすらしなかったのに、やがてケイシーは弱々しく声を出す。「ハイキングの感想は？」と。マットは答えない。ケイシーは「もう駄目だ」と言い、マットにすがりついてくる。するとマットは起き上がり、ケイシーにのし掛かって首を絞める。体重を乗せて力いっぱい締める。全身を痙攣させてケイシーは死んでしまう。

ケイシーの遺体を残したまま、マットは力を振り絞って起き上がり、また身体をぐらつかせながら歩き出す。すると——すぐ向こう、三百メートルくらい先に、映画のヒントになった

「実話」そのままにハイウェイが見えるではないか！

ここまで映画の流れを延々と書いてきたが、それを要約すれば、まさに「晴れた天気であったにもかかわらず、二人の若者が自然公園の中で道に迷った。何日も彷徨した挙げ句、途中で一人が死亡。生きて戻ってきたのは一人だけだった。しかも相棒が亡くなった場所は、後になって判明したことなのだが、ハイウェイからわずか三百メートルしか離れていなかった」ということになる。

映画の最後に描かれるのは、ハイウェイで通りすがりの自動車に拾われたマットが、押し黙ったまま後部座席に座っている姿だ。隣には幼い少年が神妙に座り、前部座席では父親らしき人物がハンドルを握っている。誰も口を利かない。道路沿いには、茶色っぽく荒（すさ）んだ光景が広がっている。救助されたという感動も、殺人を犯した戦（おのの）きも、マットの表情からは読み取れない。

ちなみにタイトルのジェリーだが、これは仲間内の造語みたいなもので「ドジをした」「ちくしょう」みたいな意味を持ち、動詞としても使われたりする。二人も映画の中で何度もこの言葉を口にしていたし、相手をジェリーと呼び合ったりもしていた。だが四日間の出来事は、「Gerry!」では済まないだろう。

まあ、「なんだよ、この映画……」と当惑する人が多かったのは分かる。ことに、累積していった違和感について何ら説明がなされないままに終わったことで、なおさら不全感を覚えたに違いない。

でもそのように居心地の悪い気分になるのは、画面に映し出されていた光景はすべて客観的な映像であると無意識のうちに信じていたからではないのか。確かに彼らの姿が映っていればそれは客観的視点と思いたくなるだろう。だがわたしたちだって自分で自分を眺めているような視点は普段の生活でも持つことがあるだろう。この映画では、そのほとんどが二人の主観的な視点、つまり精神的なバイアスや思い込みで改変された眺めであると考えてみればどうか。

目まぐるしく展開していった光景（灌木林、荒野、真っ白な岩の重なり、砂丘、強風の吹き抜ける岩場、塩の平原……）は、二人の不安や焦燥や混乱やナショナル・ジオグラフィックで見た記憶が投影されていたがゆえであり、本当はつまらぬ荒れ地でしかなかったのではないのか。幻覚まで見た彼らの目に映った風景は、現実を凌駕して異様な眺めと化していたのではないか。歩いた行程だって当てにならない。同じ所をぐるぐる回っていただけで、常にハイウェイは近くにあったのかもしれない。出口なしに思えていたのは錯覚で、玉川大師の地下の胎内巡りと似たような状態であっただけなのかもしれない。十八メートル四方の「八幡の藪知らず」で遭難したり、深さ十センチの水に溺れるのと似たようなことだったのかもしれない。

そんなふうに考えると、『GERRY ジェリー』はむしろ既視感に近い感覚に満ちた映画であり、わたし個人としては体験そのものがまったく信用しかねるといった意味でホラーに近い位置づけとなってくる。ケイシーが死んだのはたぶん本当だろうが、マットが殺したのかどうか（もし本当に殺したのだとしたら、おそらく友を苦しませたくなかったからだろう）は怪しい。

思い返してみるたびに、この映画はますます不気味になってくる。でも「死と呆気なさ」といったオフビートなトーンが、やはり分類不能な作品だなあといった結論を導き出す。

屋内での漂流譚

ガス・ヴァン・サントの次に、今度はブニュエルについて書こうと思う。何だかいかにも気取った取り合わせで恐縮だが、べつに見栄を張っているわけではない。どちらにもボックスセットが出ていてとんでもなく高価なところが共通点だろうか。ボックスセットが出るほどリスペクトされているが、酔狂なマニアしか買いそうもないあたりが。

ルイス・ブニュエルの作品で最初に出会ったのは『ブルジョワジーの秘かな愉しみ』で（『アンダルシアの犬』は、目玉のシーンだけテレビで観たことがあったが）、本邦では一九七四年に公開されている。そのとき、医学生だったわたしは映画館に足を運んでいる。監督に関心があったというよりは、雑誌に、これを観ない奴にはアートを語る資格などないといった内容の煽りが書かれていたからだ。

で、観終えた感想はどうかと問われれば、つまらなかったのひと言に尽きる。全体にバランスが悪くて、この監督は技術的に未熟というか問題がある、すなわちアート以前の話だと思った記憶があるのだ。

反感に近いものを覚えていたせいかもしれない、ここで原稿を書きながら確認してみるまで、わたしは映画のタイトルを『ブルジョワジーの秘かな欲望』であると思っていたのだった。「愉しみ」と「欲望」ではニュアンスが異なる。直訳だと『ブルジョワジーの慎ましい魅力』となるようだが、個人的にはやはり「欲望」に一票を投じたいところではある。

現在では、メキシコ時代の作品群を知るに及んで、わたしにとってブニュエルは「珍味の人」といった評価になっている。今こそ『ブルジョワジーの秘かな愉しみ』をもう一度観るべきなのかもしれない。

さてここで語りたいのは、『皆殺しの天使』（一九六二）のほうである。タイトルが素敵だ。ガス・ヴァン・サントの『エレファント』的な内容を漠然と想像していたらまったく違ったのには驚かされた。DVDで数年前に観たばかりである。

物語の舞台は、メキシコシティにある金持ちの邸宅だ。これから、オペラの鑑賞を終えたブルジョワたち二十名が集まって晩餐会が催されるというのに、なぜか召使いたちが次々に辞めて邸宅を去っていく場面から映画は始まる。彼らがそそくさと去って行く理由は説明されないが、何だか沈没を前に船内からネズミが一斉に姿を消すような意味合いが感じられないでもない。

やがて、残ったわずかな召使いたちの奮闘で晩餐が始まる。いかにも俗物然としたブルジョワどもは、賑やかに夜のひとときを満喫する。だが、深夜になっても誰ひとりとして辞去しないのである。明け方になっても帰ろうとしない。次の日を迎えても、全員が居座ったままだ。また夜に帰ることを忘れてしまったかのように、彼らはだらだらとだらしなく居座り続ける。

なり、もはや男女とも客間で雑魚寝状態だが、それでも誰も帰ろうとしない。次の日になると、執事以外の雇い人はすべて姿を消し、水も食糧もなくなる。こうなると無人島に漂着したり、山で遭難したのと大差がなくなる。危機的状態であり、すると誰もが私利私欲を剝き出しにして道徳的に堕落した姿を見せ始める。

だが、危機状態とはいえ、扉を開けて外に出ればそれですべては解決する筈なのである。出口はちゃんと存在している。鍵も掛かっていない。にもかかわらず、あたかも邸宅は結界を張られたような具合になっていて、誰も出ることが出来ない。邸内では、死者が三人も出てしまう（自殺者を含む）。排泄物の悪臭に満ち、観ているわたしとしてはカニバリズムが生じてもおかしくないと思ったほどである。邸の外でもこの異常事態は察知され、警察やマスコミが連絡を取ろうとしたり中に入ろうとするが、不思議なことに、これもまた上手くいかない。このままではブルジョワたち全員が亡くなってしまいかねない。

この膠着状態から人々を救い出したのは、レティシアという金髪で若く凛々しい女性だった。簡単な理屈である。彼女によれば、この奇怪な事態に陥ったときに人々が室内のどこに位置していたか、どのように振る舞っていたか——ちょうど今、偶然にもそれに近似した布陣が整っていることにレティシア嬢は気がついたのだった。そこでそれを利用し、最初の晩とそっくり同じ状況を再現し（つまり、原点に戻るというわけだ）、今度こそは帰ろうと皆で強く思えば必ずや外に出られるだろう、と。

そこで人々がそれを実行すると、呆気なく彼らは外へ歩み出ることに成功したのだった。まさに、案ずるより生むが易し、といったところか。これで一件落着の筈だったが、次の日曜日に、ブルジョアたちは懲りもせずに大聖堂のミサに出向く。するとあの邸宅での事件同様に、彼らどころか司祭も他の信者たちもが扉の外に出られなくなってしまう。まさに悪夢の再現である。通りでは暴動が生じ、警官隊が武装して群集に発砲しているが、そんなこととはまったく無関係に、大聖堂の中にはブルジョワも庶民も司祭もが、一緒に閉じ込められている。（終わり）

奇妙な話である。風刺の臭いが少々きつい気もするけれど、むしろ奇譚に近い印象がある。四方田犬彦の研究書『ルイス・ブニュエル』（作品社、二〇一三）によれば、『皆殺しの天使』に先行して、一九五七年に『プロビデンシア通りの漂流者』という映画を撮る準備がされていたという（実現はせず）。また同年には（ウィリアム・）ゴールディングの『蝿の王』の映画化を進めようとして結局断念している。いっぽう一九五四年には『ロビンソン漂流記』を完成させている。やはりこの映画は、金持ちの邸宅の「内部」で起きた漂流譚ないしは遭難譚と捉えるべきではないのだろうか。しかも『蠅の王』的な皮肉な視点を持った物語として。

　名探偵ホームズには、概略が言及されているだけの「語られざる事件」が数多くある。その中でもっとも有名なのが、「自宅へ雨傘を取りに入ったきり、この世から姿を消してしまったジェームズ・フィリモア氏」の事件である。家の外に出て消えうせてしまうならば分かるが、家の中に入って消失してしまうところに面白さがある。『皆殺しの天使』にも、邸宅の中で漂流ないしは遭難するという妙味がある。

　ところで外に出られない呪縛の状態云々では、つい連想したくなることがある。ある程度長い文章を書いたことがある人なら思い当たることだろうけれど、しばしば書き手は妙な「思考の袋小路」に迷い込んでしまう。自分でも理由が分からない。思考が堂々巡りしてしまい、どうにも筆が先に進まない。いくら頭を捻っても、この状況からの脱出方法が分からない。こんなことがときおり起こる。そうした場合にはどうすれば正解か。

　レティシアが、膠着状態に陥る直前へと現実を戻して、そこであらためて「帰ろう」と念じれば突破口が開けると指摘したのと同じである。迷いの部分はあっさりと削除し、袋小路に迷い込む手前にまで潔く戻り、もう一度書き直す。これに限るのである。というわけで、実は

『皆殺しの天使』での解決策は、文章に書きあぐねたときの体験をそっくりそのまま適用しているのではないだろうか。そのような妙に下世話な力動が作用している気配が漂ってくるのだ。考えてみれば、ブニュエルは『欲望のあいまいな対象』（一九七七）でさしたる必然性もないのに二人一役を試みたり、爆弾の破裂で「ちゃぶ台返し」みたいなことをしてみたり、『砂漠のシモン』（一九六五）で聖者をニューヨークのディスコに送り込んだり、総じて安直な思いつきや手抜きに近いことを平気でしでかすところがあるような気がするのだが、『皆殺しの天使』もどうやらその線上にあるような気がする。そしてそれが独特の魅力につながっているのは、彼がシュルレアリストという前提を誰もが無意識のうちに据えているからなのだろう。

密室劇と宇宙戦争

出られない状況、といったものを考えてみると思いつく映画タイトルは多い。物理的のみならず精神的に出口なしといった状況まで考えると、ますます多くなる。そうした中で、あえて取り上げてみたくなるB級映画がある。監督ダン・トラクテンバーグ、制作J・J・エイブラムスの『10クローバーフィールド・レーン』（二〇一六）だ。

この作品については、ほぼ予備知識なしで視聴出来たのがプラスに働いたようである。「クローバーフィールド・ユニバース」なんていうSF的世界観に貫かれたシリーズになっているとか、そんなことを予め教えられていたら、たぶん避けていただろう。ラノベやDCコミックス的な領域は守備範囲外なんだよなあと呟きながら。

主要な登場人物はほぼ三人だけである。ミシェル（服飾デザイナー志望の若い女性）は恋人と喧嘩をして、腹立ちまぎれに独りで車を走らせている。ルイジアナの田舎を走っているうちに夜となり、カーラジオは南部地域の海岸沿いが大規模な停電となり、原因は不明だと告げている。それを彼女はあっさり聞き流している。と、そのとき、不意に車は事故を起こして横転、ミシェルは意識を失う。

彼女が目を覚ますと、窓のない倉庫みたいな部屋に横たわっている。鉄のドアには鍵が掛かり、逃げられないようにミシェルは鎖で壁の金具につながれている。事故で負った怪我を治療すべく足には包帯が巻かれ、腕には点滴が刺してある。スマホを見ると圏外になっている。

そこへ大柄で肥満、髭面の男が現れる。初老で、腰には鍵束と拳銃。構図としては変態男が若い女性を監禁して性の奴隷にしようと企んでいるかのようだ。だが、威圧的で横柄ではあるものの、性的な興味はないらしい。それどころか、その男ハワードは、気を失っていたミシェルを救ったのはオレだと恩着せがましく言う。

ハワードの説明によれば、ここは自分の農場の地下にある核シェルターだという。外に出たいとミシェルが懇願すると、彼は拒絶する。なぜなら外の世界は何者かに攻撃を受け、放射能だか化学兵器だか有毒物質だかで汚染されている。危険だから外には出られないのだ、と。なるほど空気清浄機や発電機を備え、多くの備蓄があるこの空間はまぎれもなくシェルターのようだ。地上に出られる頑丈なドア（厳重にロックされ、手前にもドアがあって二重構造になっている）には小さなガラス窓があり、そこから眺めた限りでは外は陽の光であふれ、平穏な田園風景が静かに広がっている。血まみれの豚の死骸が目に入るが、これが外の危険を意味しているのかどうかは分からない。本当に外は汚染されているのか。頭のおかしいハワードが、地球は攻撃を受けたなどと妄想を語っているだけではないのか。彼女には判断がつかない。

ミシェルは鎖を解かれ、シェルター内での自由行動を許される。意外にも、シェルターにはもう一人、若く陽気な男性エメットがいた。彼は地元の人間で、ハワードに頼まれてシェルター建設を手伝い、異変があったのでこうして内部に入れてもらったのだという。こうなると、やはり外は危険なのかと信じたくなるが、いまひとつ疑惑は拭いきれない。このあたり、「嘘か本当か？」で観客も迷宮に引きずり込まれる。

だがやはりミシェルは脱出せずにはいられなくなる。隙を衝いてハワードから鍵を奪い、強行突破で地上に出ようとする。ところが、ガラス窓の向こうに、髪を振り乱した女の顔がぬっと現れる。彼女は中に入れろと喚き散らすが、顔は爛れ、ゾンビにでもなりかけているような異様さを伴っている。早く入れろ！　とその女は猛り狂い顔を窓ガラスにがんがんと打ちつけてくる。血が飛び散る。さすがにこれは恐ろしい。ドアなんか開けられない。やはり地上では大変な事態が進行しているらしい。

こうしてミシェルは八割くらいハワードを信用することにし、エメットとともに、まるで家族のように平穏に暮らし始める。だが結局、ハワードは危険なサイコ野郎だと彼女は気づいてしまう。騒動が持ち上がり、エメットはハワードにあっさりと銃殺される。ミシェルはハワードを劇薬で倒し、雑誌を参考にシャワーカーテンで手作りした防護服に身を包み、今度こそ出口を通り抜けて地上に出る。

閉塞状態のシェルター内では時間感覚が失われてしまうが、地上は、晴れた午後であった。相変わらず、静かな田園風景が広がっている。ふと見上げると、鳥が編隊を作って青空を横切っていくではないか。ああ、それなら大気は汚染されていない。ミシェルは安堵するものの、遙か向こうには麦畑すれすれにおかしなものが浮かんでいる。異形の宇宙船で、金属と有機体が合体したような、およそ地球人のセンスを越えた気味の悪い形をしている。この、田園風景と異様な宇宙船の低空飛行との組み合わせが、わたしにはとてつもなく恐ろしかった。缶詰を開けたらハエが混入していたみたいな不快な違和感が見事に映像化されていて、当方としてはこのシーンがあるだけで『10クローバーフィールド・レーン』には存在価値があると思う。

宇宙船はミシェルを発見して攻撃をしてくるが、彼女は見事に返り討ちにして自動車でハワードの農場を脱出する（農場の住所がそのまま映画のタイトルになっている）。そしてラジオの放送で、現在ヒューストンでは宇宙人と地球軍とが戦っており、そのため義勇軍の仲間を募っていると知り、彼女は戦闘地区へとハンドルを切る。

以上なのだが、シェルター内での疑惑に満ちた密室劇と宇宙戦争との強引なカップリングがまことに珍妙な味わいなのである。出口を抜けると外には危険があるといった設定の場合、その危険はストーカーや殺人鬼、凶暴な生き物やゾンビ、毒ガスや放射能、ウィルスや致命的な病原菌などを想定したくなる。だが、まさか危険の元凶が宇宙人であったとはねえ。

出口の外で待ち受ける危険は、多かれ少なかれ「時代の空気」に影響される筈だ。冷戦下なら放射能がリアルな危険として選ばれただろうし、ゾンビが生々しいメタファーとして迫ってきた時代だってあったろうし、HIVやBSEあるいはCOVID-19が猛威を振るっている時期にはそれが迫真的な危険と認識されるだろう。環境汚染で巨大・凶暴化した虫や獣が襲ってくるのが似合う時代だってある。でも、いつの間にか自分は宇宙人がシェルターの外で待ち受けているといった設定が不自然に感じられない時代に生きていたのかと、わたしはさすがに驚かざるを得ないのだ。

出口が見つからなければ『GERRY ジェリー』みたいなことになり、出口があっても心が醜いと『皆殺しの天使』みたいな目に遭い、出口の向こうには邪悪な宇宙人が待っている。もしこの三作を立て続けに観たら、この世には自分の居場所がないような気分に陥りそうだ。

第四章
終末の光景

第四章　終末の光景

マタンゴになりたい衝動

小学校六年生のときに、本多猪四郎監督の『マタンゴ』が封切られた。一九六三年八月、夏休みの真っ最中である。

そのタイトルというか怪物の名称が、妙に語呂が良くて何度も口ずさみたくなる。橋本治はマタンゴを「一種卑猥な命名」と述べており、それは「股」「まんこ」あたりを連想させるからと言いたいのだろうが、当時のクラスメイトたち（杉並区立の小学校のガキども）は誰もそんなつまらない発想をしなかった。わたしを含めて、決して気取っていたわけではない。むしろ、いったい何に由来する名称であるのかまったく見当がつかないところに、禍々（まがまが）しさを覚えたのであった。同じようなインパクトは、『妖星ゴラス』（一九六二）でも感じた（ゴラスは、ゴジラ・ラドン・モスラから一文字ずつ採ったという説があるらしいが、真偽は不明）。得体の知れぬ固有名詞は、それだけでもう恐いのである。マタンゴ、と口ずさむと何だかいきなり階段を踏み外したような唐突な感触のみが生々しく惹起されて、油断がならない気分にさせられる。

公開当時のパンフレットには、キノコのツチグリやキツネノチャブクロを指す福島の方言「ママダンゴ」がマタンゴの語源と記されていたらしい。数年前にそれを知ったときには、原作者である福島正実（『ＳＦマガジン』の初代編集長。本名は加藤正実）の姓と関連づけて〈福島つながり〉だったのかと合点したが、調べてみると彼は福島出身というわけではない。樺太に生まれ、満州や横浜で育っている。そんな彼がママダンゴを知っていたのかどうか。個人的には、ママダンゴ→マタンゴ説はいまひとつ首肯し難い。

ちなみに、福島正実による短篇小説「マタンゴ」（一九六三年、映画の公開とほぼ同時期に発表されている）ではマタンゴという言葉はたった一ヵ所、作品のいちばん最後の段落に出てくるだけである。そこを引用しておこう。場面は精神科病院、「私」はベテランの精神科医で、新人の精神科医と一緒にいる。

私は黙って、窓の外を流れる霧を見た。そして、むかし読んだことのある中世の医書にマタンゴという奇怪なキノコの話があったのを、このわかい医師に話すべきか、どうかとまよっていた。

確かにヨーロッパ中世の医書のほうが、福島の方言よりもマタンゴには似つかわしい。ナス科の植物でマンドラゴラ（別名マンドレイク）というのがあって、毒性が強く、うっかり食べると幻覚や妄想が生じる。根の部分が高麗人参のように人間めいた形をしていて、成熟すると自ら地中から這い出して歩き回るとされる。錬金術にも必須の材料だったようで、なるほど中世の医書や博物学の本には絵入りで記載されている。発想のルーツはマンドラゴラで、そこへ映画関係者なりの加工（一九六二年にヒットしたフランク永井の歌謡曲「霧子のタンゴ」をたまたま耳にした、とか）がなされてマタンゴという名前が出来たのではないかとわたしは勝手に想像するのだが、まあどうでもいい話ではある。なお小説版「マタンゴ」がW・H・ホジスンの短篇「闇の声」（一九〇七）の翻案であることは広く知られているが、ホジスンの作品にもキノコや植物の名前は出てこない。

わたしは封切り時に映画館へ行かなかった。なぜなのか。タイトルはしっかりこちらの気持ちを摑んでいたし、ポスターも子どもも心をくすぐった。だが映画とタイミングを合わせるように、月刊雑誌『少年』八月号に、石森（当時はまだ石ノ森と称してはいなかった）章太郎による漫画版「マタンゴ」が掲載され、それを読んでしまっていたからである。

今読み返してみても、手際よくまとめられたダイジェスト版となっている。東宝としては、おそらくこの漫画を見た少年たちは実写版を観たくなるに違いないと計算したのだろう。だが少なくともわたしにおいてはそれが裏目に出たようだ。

漫画版において映画ともっとも異なるのは、〈プロローグ：病室より〉および〈エピローグ：病室より〉のパートがそっくり省略されていることである。割り当てられた頁数がたった18頁しかなかったのだから、それは仕方があるまい。だが映画の『マタンゴ』はプロローグとエピローグがあってこそ、多くの人たちの記憶に刻まれるだけの迫力を持ち得ていたのではないだろうか。

「病室より」とあるように、マタンゴという漂流奇譚（遭難したヨットが無人島に流れ着き、ほどなくクルーたちは反対側の入り江に難破船を発見する。難破船の船員は全員が消え失せていたが、それは彼らが放射能で突然変異したキノコ、マタンゴを食べたために彼ら自身がマタンゴに変身してしまったからだった。やがて飢えに苦しむヨットのクルーも、マタンゴを口にして同じようにマタンゴに変身してしまう）は海難事故から生還した唯一の人物、村井（城東大学心理学研究室助教授）によって語られる。それがあまりにも荒唐無稽ゆえに彼は精神科の保護室に収容されている。つまりマタンゴを巡る物語は「狂人のたわごと」と見なされている。

しかしエピローグにおいて、マタンゴを食べていない村井の皮膚にも徐々に変化が生じ（おそらく胞子を吸い込んでしまったからだろう）、マタンゴに変身しつつあることが判明する。狂人の妄想であった筈のマタンゴのストーリーが精神科の病室において現実とつながってしまい、それを目にした精神科医たちがうろたえるところで映画は終わる。突飛な物語が現実を侵蝕してくるところに本当の怖さがある、といった仕掛けなのであった。それなのに漫画版は肝心の仕掛けをカットしている。

したがって漫画版の最後のシーンは、雨が降る島でマタンゴから逃げる主人公の後ろ姿に重ねて「だれもぼくの話を信じてくれません　でもぼくは見てきたんです……」というモノローグとなる。これでは読者の側としてはたんなる尻切れトンボとしか映らないのである。「え、これでおしまい？」と当惑させられる。この宙ぶらりんの気分がまことに居心地が悪く、そのせいで映画館には足を運ばなかったのである。

もし小学生のときにちゃんと映画版を観ていたら、おそらくトラウマになっていたことだろう。子ども時代のトラウマ（虐待や直接的な被害によって生じたものは除く）は一種の知的財産である。惜しいことをした。同じ頃にテレビでは『テレビ名画座』というのを昼間に放映していて、そこで観た（アンリ＝ジョルジュ・）クルーゾー監督版の『恐怖の報酬』（一九五三）の最後の場面はしっかりトラウマとなったので、ヘヴィーなダブルパンチを期待出来たのに。

マタンゴは欲望や煩悩の象徴である、といった解釈が一般的にはなされているようである。マタンゴの誘惑に負けるとマタンゴそのものになってもはや後戻り出来ない、というわけだ。また、マタンゴのデザインがキノコ雲をベースにしており、さらに放射線によるキノコの突然変異と設定されているあたりから、核実験や核戦争に対する風刺と考える人もいるらしい。

しかしそれは映画を矮小化している。マタンゴはマタンゴでしかない。おぞましい生物でしかない。生還者の村井は最後まで理性を保ってマタンゴを食べなかった。にもかかわらず、彼は胞子を吸い込むことで結局はマタンゴ化してしまう。つまり村井の忍耐や禁欲や努力はまったく意味がなかった。その身も蓋もない悲しい現実をマゾヒスティックに味わうべきだろう。プロローグとエピローグがあってこそ、『マタンゴ』はトラウマ映画の資格を得ることが出来るのである。

それにしても、自身がマタンゴ化していく過程は不気味であり絶望的であろう。難破船からは鏡がすべて取り外され割られていたという設定になっていたが、それは自分の姿がマタンゴになっていく様子に船員たちが耐え難かったからだろう。

しかしいざマタンゴになってしまえば、どうやら快感に包まれるようである。外観が醜いというのは相対的な話で、かつての仲間もみんなマタンゴになってしまえば、いっそ楽しい日々を無人島で過ごせるだろう。麻薬や覚醒剤でハイになるぶんには刑罰だとか離脱症状などが待ち受けていることになるが、マタンゴにはそんな心配はない。カラフルな胞子を撒（ま）き散らしつつ、存分にキノコ人生を謳歌出来る。己が作り出す化学物質によって陶酔が出来る。そんなふうに考えると、わたしもマタンゴになりたい衝動に駆られそうだ。

わたしには「呑み込まれ願望」とでもいったものが備わっているようなのである。今までの自分は、基本的には孤高というか唯一無二な自分というものを理想にして生きてきた。もちろん勝手にそう思うだけで日常のわたしはヘタレに過ぎない。だが心の奥ではいつも、「あいつらと変わらぬ存在になってしまったらオシマイだ」といった気負いを抱いており、それがために無駄な苦しみや痩せ我慢を自分に強いてきた。でもそれと表裏一体の形で、「周囲に押し流され同調し、付和雷同してしまう安易な自分」に堕すのを望んでもきた。それは、自分が思っているほど自分は大した存在ではないという苦い現実を徹底的に思い知らされる前に、さっさと自身の心を麻痺させてしまう手段として機能するから。

個性なんてなくなってしまえば、他者と区別がつかなくなる。そうなれば、種として絶滅してしまわない限り死は存在しない。自分と見分けがつかない誰かが自分と交代して生き続けるわけなのだから。おそらく不安や恐怖もなくなるだろう。承認欲求も野心も不要となる。刹那的な快楽だけが自分を支配する。たとえ種が絶滅しようと、悲しみなど感じずに超然としたまま虚無へと吸い込まれていくだろう。

最後の人類

アメリカの作家、リチャード・マシスン（一九二六〜二〇一三）は小説のみならず映画の原作や脚本などでも大きな功績を残している。『縮みゆく人間』（一九五七）、『アッシャー家の惨劇』（一九六〇）、『地球最後の男』（一九六四）、『地球最後の男　オメガマン』（一九七一）、『激突！』（一九七二）、『ヘルハウス』（一九七三）、『ある日どこかで』（一九八〇）、『アイ・アム・レジェンド』（二〇〇七）、『リアル・スティール』（二〇一一）などは彼がいなければ作り得なかった作品だし、テレビの『トワイライト・ゾーン』や『事件記者コルチャック』の脚本も手掛けている。たぶんわたしの感性のいくらかは、マシスンによって形成されている。

そんな彼の短篇集に『13のショック』がある。早川書房が、かつて〈異色作家短篇集〉の一冊として一九六二年に出版したもので、吉田誠一の訳であった。このシリーズはフレドリック・ブラウンやシオドア・スタージョン、シャーリイ・ジャクスン、ジャック・フィニイ、レイ・ブラッドベリなどが名を連ね、『蝿男の恐怖』の原作（第一章参照）を収録したジョルジュ・ランジュランの『蝿』も含まれていた。こうして振り返ってみると、素晴らしさに溜め息が出る。当方としてはこれこそ「人の生き方を左右しかねないだけの力を秘めた」文学全集と呼びたくなる。

さて『13のショック』には、「レミング」（一九五八）というわずか三頁の作品が収録されている。くだらないといえばまさにその通りで、まったく評価しない人も少なからずいるだろう。だがわたしは、異様なショックを受けたのであった。予備校に通っていた頃のことだ。

物語は、海岸沿いのハイウェイに立つ二人の警官、カーマックとリオードンの会話で始まる。ハイウェイは幾千幾万台の自動車でひしめき合っている。それらの車はどれも乗り捨てられたもので、二人が会話を交わしているあいだにも、次々に自動車が到着し、人々は車から外へ出て行く。リオードンは「いったい、みんな、どこからやって来るんだろう?」と疑問を呈し、カーマックは「全国各地からさ」と返答する。

ぎっしりと海岸沿いにひしめき、陽の光を浴びて輝いている自動車は、どれも馬鹿でかく流線型をした五〇年代のアメリカ車である。その圧倒的な光景は、カメラを積んだドローンによる俯瞰撮影こそが似合いそうだ。

車を乗り捨てた人たちは、なぎさに向かって歩いて行く。「その多くは談笑している。なかには、むっつり押し黙って、しかつめらしい顔をしている者もあった。ともあれ、一様になぎさに向かって歩いて行く」。

では彼らは何をしようというのか。もはや前方には海しかない。だが誰もが服のままで、さながらスーパーマーケットにでも入っていくような様子なのだが。

二人の警官が眺めていると、人々の群れは灰色の砂浜を横切り、水の中へ入ってゆく。泳ぎだす者もいる。だが大部分の者は、服が邪魔になって、泳ぐことができない。カーマックが見ていると、一人の若い女が海面をばたばた叩き、着ている毛皮のコートに手足をとられて海中にひきずり込まれていった。

数分のうちに、みんな姿を消してしまった。二人の警官は、人々が入水していった地点に、じっと目をそそいだ。

もう一週間も前から、全国から車で浜辺に集まった人たちが、次々に徒歩で海中に身を沈めていく。溺れ死んでいく。大変な数だ。何の疑問も抱かず、日常生活の一齣といった様子で躊躇することなく自ら海の中へ没していく。

でも、もうこれ以上自動車はやって来ないようだ。二人の警官を残して、誰もが（アメリカじゅうの人間？　それとも世界規模？）海の中に姿を消してしまった。

リオードンが、「でも、いったいなぜだろう？」と訝（いぶか）り、それに対してカーマックは淡々とした調子で、レミングと同じではないかと言う。

ツンドラ地帯に棲息する鼠の仲間がレミングで（和名はタビネズミ）、体長は十センチ前後らしい。レミングは数年周期で大増殖し、すると集団移住を始めてそれに伴い個体数が激減する。そうした現象に基づき、レミングは定期的に集団自殺をするといった伝承が古くからあったという。そして一九五八年（このマシスンの短篇が執筆された年である！）、ディズニーのドキュメンタリー映画『白い荒野』が公開され、そこでは崖から集団で海に飛び込むレミングの姿や溺死した数多くのレミングが映し出された。これが決定的であったようだ。まさにレミングの集団自殺説を映像によって（しかもドキュメンタリーゆえに真実であるという前提のもとに）世界中を信じさせたのであった。

ところが『白い荒野』ではインチキが行われていた。いわゆるヤラセに近い。ドキュメンタリーを装ったフィクションである。この映画によって、レミングは周期的に海へ向かって突き進んで集団自殺をするという「知識」が人口に膾炙（かいしゃ）した。ディズニーは世界中の人間を騙したわけである（開高健の短篇小説「パニック」は、鼠の大増殖による混乱が描かれ、最後に鼠の大群は湖に向かって集団自殺を図って騒ぎは終結する。これが発表されたのが一九五七年で、開高の慧眼（けいがん）を思い知らされる）。

マシスンはこの知識におけるレミングを、人間に置き換えただけである。だがそれによって途方もなく心を揺さぶるイメージが現出した。

物語の最後のシーンは、死の行進に取り残された二人の会話で始まる。カーマックが煙草を吸っていると、リオードンは「われわれの番かな？」と呟く。


二人は握手を交わした。「さようなら、リオードン」と、カーマックが言った。彼はその場に立ってタバコを吸いながら、灰色の砂浜を横切って海に入って行く友の姿をじっと見まもった。やがて海水が友の頭にかぶさる。彼が見ていると、リオードンは三十ヤードほど泳ぎ、やがて姿を消した。

しばらくしてカーマックはタバコをもみ消し、周囲を見まわした。やがて、彼も海に入って行った。

そして、あとには、幾万台とも知れぬ空(から)の自動車(くるま)が海岸線に沿って並んでいた。


これでオシマイである。読者としては、まさに二の句が継げない。人類の歴史は終わってしまった。絶滅した。最後の人類が、礼儀正しい二人の警官であったなんて誰が想像しただろうか。核戦争で自滅するのかと思っていたら、レミングと同じレベルの盲目的な集団自殺で地上から姿を消してしまうとはねえ。

それにしても表現技法において、レミングと人間とを置き換えるような単純きわまりない手法はときとして強烈な効果をもたらす。あまりにも単純ゆえに、何やら根源的なものが露出してしまったかのような感覚を呼び覚ますのだ。そのような技法は、映像では難しい。映像がもたらす饒舌さゆえに、ツッコミどころがいくらでも生じてしまうからだ。やはり文字による表現の領域でないと上手くいかない。ここに詩による成功例を示しておこう。粒来哲蔵（一九二八〜二〇一七）の詩集『穴』（書肆山田、二〇〇六）に収録されている「少女記」では、モノや生き物と少女との関わりが逆転させられて描かれる。全部で九連のうち、第七連を紹介する。

鐘が少女を鳴らしている。鐘が鳴る前から少女は舌を垂らしている。
鐘は少女の舌を引く——と少女は鳴りはじめる。はじめはゆっくりと、
やがては次第にはやくなる。鴉の目の中で夕焼が急いで帰り支度をは

じめる。鳴らし疲れて鐘は引く手を休め、少女の舌に小粒のキャンデーを乗せてやる。

この異常なエロチックさはどうだろう。いくら何でも映像化は不可能に違いない。たとえ寺山修司がメガホンを取ろうとも。

わたしがマシスンの「レミング」を持ち出したのは、自分もまた数多くの人たちと一緒に海に入って姿を消してしまえたら、よほど喜ばしいことではないのか、本心に忠実な振る舞いではないか、それどころか陶酔すら覚えるのではないか、といった考えが脳裏をよぎるからである。スーパーマーケットに籠城するよりも、ゾンビの一員になったほうがむしろ幸福ではないかといつも感じてしまうのと軌を一にしており、それは当方の「呑み込まれ願望」そのものと言える。

自分らしく生きるとか、個性を主張するとか、我が道を行くとか、そんなものはせいぜい小競り合いに相当するいじましい態度ではないのか。面倒なのだ。報われるわけでもなく、自己憐憫に満ちた歪な人生を送ってどうするのか。自分はたんに協調性を欠いているだけではないか。うんざりだ。

握手を交わした友が海に消えるのを見守ってから、タバコをもみ消して静かに海へ入っていくカーマック。そんな「まともな警官」のほうが、わたしにとっては理想の姿であったことに気付かされる。

死のダンス

ラース・フォン・トリアーの『メランコリア』（二〇一一）は、極個人的洋画ベスト・テンに入る映画だ。屈託を抱えたままこの作品を独りでそっと観直すのは、ウィークデイの真っ昼間に「いかがわしい」ことをしているような屈折した快感をもたらす。トリアーはこの映画を完成させてからすぐに自殺をしてしまえばよかったのに、などと暗鬱な想像をしたりもする。

この作品の冒頭では、映画全体から象徴的な場面のみを抜き出してつなげたスローモーション撮影のプロローグが流される。これが美しいというかカッコイイというか、まことに効果的かつ示唆に富んでいるのである。あとで振り返ってみれば主人公のジャスティンが一種の予知能力を秘めているという事実を意味しているのが分かるが、まさかそんな突飛な設定はしていないだろうと思うのが普通の神経だから、観客としてはなおさら快いもどかしさに駆られる。

本編は二部に分けられ、第一部〈ジャスティン〉では結婚式の披露宴を中心に物語は進められる。

ジャスティン（キルステン・ダンスト）が花嫁である。披露宴の場所は郊外に築かれた古城のような邸宅。そこにはジャスティンの姉――しっかり者のクレア（シャルロット・ゲンスブール）とその夫ジョン（キーファー・サザーランド）、それに息子が住んでいる。執事がいるし、馬を飼っているし、ゴルフコースもある豪邸だ。披露宴の司会はクレアが担当することになっている。やたらとホイールベースの長いリムジンで花嫁と花婿は邸宅に向かっている。ジャスティンは明るく奔放な雰囲気で笑顔に満ちている。夫は誠実そうだが線が細く、少々おどおどしている。豪奢な世界には馴れていないのだ。

すっかり時間に遅れて二人は到着する。リムジンを降りてふと暗くなった空を見上げるジャスティン。べつに異変があるようには見えない、今のところは。

邸宅で、やっと披露宴が始まる。招待客たちが次々にスピーチをする。広告代理店の上司

（ジャスティンは、普段は広告のプランナーとして働いている）は、広告の制作において花嫁がまことに「先見の明」があると誉めそやし、会社での昇進を発表する。実はこの「先見の明」はジャスティンの予知能力ゆえであることが、映画を見終わってから観客はやっと気づく（かもしれない）といった仕掛けになっている。脚本はきわめて周到に練られているのだ。

楽しく賑やかに、いささかシニカルに表現すれば予定調和的に進行していた披露宴は、花嫁の母親ギャビー（まさに適役のシャーロット・ランプリング）が意地悪きわまりないスピーチを行って座を凍り付かせてから雰囲気がぎくしゃくしてくる。何よりもジャスティンが明るさを失い、鬱っぽくなり、ぐったりしたかと思えば唐突に無茶をする。披露宴が終わっていないのにウェディングドレスを脱いでバスタブに浸かったり、花婿の気遣いを平然と踏みにじったり、初対面の青年と邸の外でセックスをしたり、昇進を約束してくれた上司に悪態をついたり、奇行を繰り返す。披露宴の出席者たちを困惑させるばかりか、結局は花婿が呆れ果てて帰ってしまい結婚は取り消しとなる。

なぜこんな具合にジャスティンはおかしくなってしまったのか。母の毒舌が原因ではない。ジャスティンの予知能力が、巨大惑星メランコリアが地球に衝突して世界が滅亡する――その予兆を感じ取ったからだ。まだ頭上に惑星は見えていない。だが刻一刻とメランコリアは、太陽系に向かって宇宙を突き進んでいる。彼女自身、惑星同士による破局をはっきりとは自覚していない。けれども、たとえ彼女ではなくとも地球の破滅の兆しを感じ取ったとしたら、その鋭敏な神経を持った人間の行動が逸脱してしまっても不思議ではあるまい。そうなると母ギャビーの悪意に満ちた異常なスピーチそのものも、実は惑星メランコリアに影響されていたのかもしれない。いずれにせよ、メランコリアはまだ姿を現す前から、強い影響力をジャスティンたち一部の人間に対してリアルに及ぼしつつあった。

第二部〈クレア〉では、いよいよ頭上に惑星メランコリアが姿を現す。

披露宴の七週間後、憔悴しきったジャスティンは姉夫婦の邸宅に身を寄せている。鬱状態で気力を失った日々が過ぎていく。何もかもが行き詰まった気分で、いっそ世界が破滅してしまえばいいのに。そんな暗澹(あんたん)とした気持ちが彼女には生まれていた。しかしある晩、ジャスティンは邸宅をそっと抜け出し、川辺で一糸まとわぬ姿となる。そうして惑星メランコリアの光を全身に浴びる。それからは、ジャスティンは徐々に落ち着きを取り戻す。いっぽうクレアは、ネットの情報から惑星メランコリアと地球とはそれぞれの重力から相互に影響を与え合い、近づいたり離れたりと「死のダンス」を踊りつつ最終的には衝突して世界が終わることを知り動揺する。そのような軌道モデルが既に科学者によって作成されていたのだ。

邸宅は人里離れているので、町や都会がどんな騒ぎになっているのかは分からない。でも執事が連絡もなく来なくなってしまった。夜も昼も空にはメランコリアの青白い姿が大きく浮かんでいる。一時的に小さくなり、遠くへ去ってしまうのかと思わせてまた地球に接近してくる。まさに死のダンスが続いている。そのような毎日に耐えきれず、クレアの夫ジョンはあっさりと馬小屋で自殺してしまう。庭に据えた天体望遠鏡を覗きながら「心配ない」と請け合っていたジョンだったのに。こうして邸内にはクレアとその息子レオ、ジャスティンの三名しかいなくなってしまう。

その時点でジャスティンは、姉のクレアに向かって、メランコリアが地球に衝突することを既に予期していたと告げる。もはや避けられない事実であることを淡々と伝えるのである。第一部では混乱し逸脱していたジャスティンが、今や冷静に事態を把握している。いっぽう第一部では落ち着いていたクレアのほうが、不安と恐怖に絡め取られている。

まだ幼いレオ少年も恐ろしさに震えている。何よりもまず彼を慰めるべく、ジャスティンはレオに手伝わせて木の枝を集めて束ね、草原に結界を張る。もちろんそんなもので助かる筈もないが、せめてレオ少年の恐怖は鎮められるだろう。ジャスティン、クレア、レオの三人は身を寄せ合って結界の中に入り、まるでピクニックのように草原に腰を下ろして破局を待つ。ほどなく眼前いっぱいに立ちはだかった惑星メランコリアは地球と正面衝突をきたし、すべては雲散霧消してしまう。

本当に世界は破滅してしまった。この結末に、観客はどんな感情を抱くのだろう。わたしはむしろ救われたような感慨さえ抱いてしまったのだ。どうせ誰だって死ぬ。ならば、ピクニックさながらに親しい人と草原に腰を下ろして無に呑み込まれてしまうのは、いっそ喜ばしい死に方とさえ言えるのではあるまいか。インチキな結界を張ってみるのも、ちょっとしたユーモアみたいなものである。そして苦しみからも悲しみからも嫉妬からも失望からもすべて解放される。レミングのように死ぬのも悪くないが、ピクニックふうに死ぬのも悪くない。やっと楽になる。

第一部と第二部とで、ジャスティンとクレアの在りよう——つまり混乱した者と落ち着いた者という立場が入れ替わるところも興味深い。普段は不安定なわたしも、地球壊滅が眼前に迫ったら、普段よりもよほど肝が据わるだろう（いや、軽躁状態になるかもしれない）。そして立場が入れ替わるところは、何だか微妙にエロチックだ。粒来哲蔵の詩「少女記」の一部を先ほど紹介したが、あれに通じるような倒錯感が漂ってくるようで、そこがなおさら映画を織細なものにしている。

それにしても〈惑星メランコリア〉というネーミングは素晴らしい。「惑星メランコリアが地球と〈死のダンス〉を踊る」と言語化がなされることで、はじめて具体的なイメージが喚起され想像力の化学反応が生じたに違いない。もしも衝突する巨大惑星が〈妖星ゴラス〉という名だったら、まったく違う映画が出来上がっていたに違いない。そうした点において、この映画は映像よりも言葉が先んじていたのではないかと思わずにはいられない。

惑星衝突とユートピア

惑星が地球に衝突して世界が終わる、といったテーマではマックス・エールリッヒの長篇小説『巨眼』(清水俊二訳、一九六三)についても触れておきたい。いわゆるハヤカワ・SF・シリーズ(通称・銀背。ハヤカワ・ミステリと同サイズだが、背表紙が銀色になっていたから)の初期の一冊であった。なぜこれが印象に残っているかといえば、わたしが生まれて初めて飛行機に乗ったときに携えていたのがこの本だったからである。

中学一年の夏に、父と北海道へ行った。羽田から全日空のフォッカーF27フレンドシップという双発のターボプロップエンジンを備えた機体で飛んだのである。そのとき、旅の退屈を紛らわせる友として『巨眼』を選んだ。当時のわたしにとって、飛行機に搭乗することとSFを読むこととは何か先端的で洗練された営みといった点で通底しているように感じていたからだろう。

タイトルの巨眼 *The Big Eye* とは、当初はパロマ天文台に据えられた二百インチ巨大反射望遠鏡の仇名であった。地球との衝突を免れない死の軌道を一直線に進んでくる赤い巨大惑星のほうは、もともと〈Y惑星〉といういささか味気ない名称で呼ばれていた。第一発見者のパロマ天文台長ドースン博士によれば、「君も知っているように、最後に発見された惑星は、一九三〇年、ローウェル天文台で発見された冥王星(プルートー)だ。当時、冥王星と命名されるまでは、X惑星と呼ばれていた。だから、私はこの惑星をY惑星と名づけようと思う」と。すなわち、パロマ天文台の〈巨眼〉によってドースン博士が、最初に〈Y惑星〉を発見したという次第であった。

けれども小さな望遠鏡でもその姿を観察出来るほどにY惑星が接近してきたとき、レンズ越しにそれを見ると惑星のほうが「人類の一人々々を直視しているように見えたが、しかし、人間の眼とちがって、眼ばたきすることはなかった」。そんな強烈な印象から、いつしか世間では惑星のほうを巨眼と呼ぶようになったのだった。

「先生、衝突がいつ起こるか、わかっているのですか?」

博士は黙ってうなずいたが、すぐには返事をしなかった。静かな部屋のなかに、時計が時をきざむ音だけがひびいていた。やがて、博士はいった。

「これが十年前だったら、君も知っているように、だいたいの予想もむずかしかったにちがいない。しかし、十年のあいだに、新しい計算器もできたし、数学も発達した。時間まではまだわからないが、日はわかっているのだよ」

「いつなのでしょう」

「いまから二年と一カ月」と、博士は静かにいった。「一九六二年のクリスマスだよ」

ちなみに原作は一九四九年に発表されている。そして『マタンゴ』が封切られる前年に、地球は〈巨眼〉と衝突し破滅している筈なのであった。

惑星衝突が不可避であるとの情報は、合衆国大統領からの声明といった形でラジオ放送される。それによってどんなことが起きたか。作者はラジオのニュース放送に託して状況を手短に語る。


「いまや、全世界が混乱におちいっています。アメリカ全土にわたって、すべての都市の人々が工場から、オフィスから、家庭から街頭にあふれ出て、交通機関も停まってしまいました。学校も閉鎖されました。街には群集があふれ、当局は暴動の勃発を警戒しています。

中国からの放送では、兵士が武器を捨てて抱き合っているということです。……ローマ法皇は全世界に特別放送を行う準備をすすめています。

キレンクスからのニュースが入りました。……レニングラードの天文学者ワラノフ教授はソヴィエト首相に報告するために、すでに飛行機で帰国の途中にあるとのことです。

両院議員はいま、某所で秘密臨時議会をひらいています。……暴動、略奪が、すでに各地で起こっております。世界各地の天文台が襲撃されて、貴重な設備と装置が破壊されました。

シン・シン、ダモネラ、リヴンワースその他の監獄では囚人が釈放を要求して、暴動を起こしました。ニュー・ヨーク州知事は今夜行われるはずの死刑の執行を延期しました。……地方へ疎開した人々が都会の住宅へ戻ろうとして、何万という人々が空港や停車場に押しよせています。……国防省は空・陸・海軍の全員にその部署にとどまるよう、命令をくだしました」

いかにも緊迫感が伝わってくるではないか。だが破滅へのカウントダウン（二年一ヵ月）も半年ほど経過すると、人々の自暴自棄も自然に沈静してきた。いやそれどころか、意外にも世界は理想の形態に近づいてきた。

選挙の心配がなくなった政治家たちは、にわかに国民のほんとうの代表者になった。ワシントンでは、民主党と共和党とが直ちに合体した。政党の利益のために議論を闘わしたり、故意に議事を妨害したりする議員は、一人もいなくなった。

そして、これらのことはまだ変化の第一歩だった。

七月には、世界を一丸とする政治形態が生まれた。

それは「世界連邦」と呼ばれ、ニュー・ヨーク市イースト・リヴァー・ドライヴの旧国連の跡をその本拠とした。


カウントダウンの「第一年」の終わり頃には、〈巨眼（ビッグ・アイ）〉は月を圧倒して夜の世界を赤く染め上げるようになった。それでも昼間はまだ太陽光に遮られている。そんな世界で、人々は存外に礼儀正しく優しく振る舞うようになっていた。「たしかに、俺は『巨眼（ビッグ・アイ）』に睨まれているさ。だが、君だって、睨まれているんだぜ。奥さん、あんたも睨まれているんですぜ。世界中の人間がみんな、同じ船に乗っているようなものさ」。

こうして地上では平穏な日々が続いていったが、最後の四カ月になると巨眼は昼夜の区別なく見えるようになった。天文台は観測結果を総合して、地球との衝突はクリスマスの午後三時

（ニューヨーク）と算出し発表した。人々は確かに平穏そうに暮らしていたが、頭上に死の象徴が赤く浮かんでいることには苦痛を覚えずにはいられない。だから雨や曇りになると、巨眼の姿が雲に遮られることを喜び、多くの人たちが街頭に出てはしゃぎまわる光景が目に付くようになった。

いよいよクリスマスの午後となる。多くの人たちは広場や公園に集まった。教会で祈る人々もいる。どうせ世界の終わりが来るのならば、皆と一緒のほうが気が休まるのだろう。

光線は、ますます赤くなり、『巨眼（ビッグ・アイ）』はいよいよ大きくなり、鐘の音は一そう高くなった。

そして三時が来た。

人々は申し合わせたように雪の中にひざまずき、頭を低く垂れて、祈った。

鐘の音はやんで、死のような静寂が訪れた。

一分すぎた。

『巨眼（ビッグ・アイ）』は最後の瞬間を味わっているかのように、空から人々を見おろしていた。

五分すぎた。――そして、十分――十五分。

『巨眼（ビッグ・アイ）』はまだ、空に浮かんでいた。

やがて、ひざまずいている人々のあいだに低いざわめきがおこった。人々はうなだれていた頭をあげて、『巨眼（ビッグ・アイ）』を見つめた。ざわめきが次第に大きくなっていった。

「見ろ！　『巨眼（ビッグ・アイ）』を見ろ！」

一人が叫ぶと、その声が野火のようにひろがっていった。その声はたちまち、一つの唸り声になって、人々の心をゆすぶった。すべての人々が空を見上げていた。

後日、たしかにそんな風に見えたと主張したものが多数あったが、いままで人々を睨んでいた『巨眼（ビッグ・アイ）』が微笑を送っているのだった。

何と、衝突は起こらなかったのだ。科学者たちの計算間違いだったのか。〈巨眼〉は地球を掠めつつも、そのまま通り過ぎて行ってしまった。

なぜこうなったのか。カウントダウンの最中に〈Y惑星＝巨眼〉の発見者ドースン博士は亡くなってしまっていたが、発見直後に彼は世界中の一流の天文学者たちを集めて、これは人間が原爆によって自滅するのを救うために天が与えた機会だ、と主張したのだった。「われわれの現在の義務は真理にあるのでなく、人道にある。われわれはいま、世界の危機を救う力を持っている。しかし、われわれの目的のためには、全世界の人々を欺いて、大芝居を打たねばならない」。その集まりに参加したエレンダー博士は主人公に打ち明ける。「そして、われわれは一九六二年のクリスマスにY惑星が地球と衝突するという共同声明を発表したのだ。その発表がどんな影響をもたらすかということは、われわれにもわかっていた。自殺者は増えるであろうし、子供はほとんど生まれないであろう。しかし、核戦争で失われる生命にくらべれば、比較にならぬほどの数なのだ」。

もちろんこの大芝居は世間に明かされることはなく、人々は奇跡が起きたと信じていたのだった。そうして世界連邦の成立した世の中はユートピアを目指して邁進していくのであった。と、まあそういうストーリーなのであった。言い添えておくと、惑星の近接により、天変地異や自然災害も当然起きるだろう。そのあたりも一応は物語の中で言及はされている。我が国に関しては、「日本は毎日、地震におそわれ、全人口が中国の本土に移住した」と簡明な記述がある。まあ世界連邦によって国境は消え失せているのだろうから、問題はないのだろう。

小説『巨眼』を読み終えたのは、北海道からの帰りである。行きは飛行機だったが帰途は鉄道で、津軽海峡は青函連絡船（一九八八年に廃止）で渡った。その連絡船の客室で最後の頁に辿り着いた。中学生のわたしとしては、面白かったし良く出来たストーリーだなあと思ったものである。科学者たちが相談して大芝居を打ったり、合衆国大統領が厳粛な声で世界の終わりを告げたり、そうした場面が何となく当時の怪獣映画やＳＦ映画（特に東宝の特撮もの）を連想させて余計に親しみやすく感じたのかもしれない。

帰宅してから居間のテーブルに本を置き忘れていたら、いつの間にか母がそれを読んでいた。彼女はエラリイ・クイーンズ・ミステリ・マガジンを創刊号から読んでいるような人だったので（それは現在わたしの本棚に並んでいる）、抵抗なく頁を開いたのだろう。母は『巨眼』を評して、能天気で楽天的でいい加減なストーリーであるといった意味のことを言った。ずいぶん手厳しいなあと思ったけれど、現在では彼女と同意見である。でも、それはそれとして、惑星衝突が確定事項となってしばらくすると世界が一種の理想郷に近くなっていくところには心を惹かれた。当方の「呑み込まれ願望」のルーツを辿っていくと、もしかしたら『巨眼』に行き着きそうな気もする。

第五章

運命の器

第五章　運命の器

巨人の恋

身長二百五十メートルの人間が摩天楼の立ち並ぶ街で暴れ回る映画を考えろと言われたら、どちらかといえばロジャー・コーマン的な頭脳のわたしとしては、（質はともかくとして）それなりの荒唐無稽な作品を捻り出せると思う。しかし身長が二メートル五十センチの人間の物語となると、これはかえって難しそうな気がする。サイズが中途半端なのだ。フリークス的な見せ方だけでは、少なくともスクリーンではインパクトが弱いだろう（おそらく大人の平均身長の二倍以上はなければ面白くない）。しかも普通の背丈の人間に比べて行動範囲が制限されざるを得ないだろうから、人間ドラマとしても案外広がりを見出しにくそうだ。

ちなみに史上最も背が高かったのは、アメリカ・イリノイ州出身のロバート・ワドロー *Robert P. Wadlow*（一九一六〜一九四〇）で、身長二メートル七十二センチ、体重二百三十三キロであったという。足の傷から菌が侵入し、敗血症で亡くなっている。

エリザベス・マクラッケンが書いた『ジャイアンツ・ハウス』という小説がある（鴻巣友季子訳、新潮社クレスト・ブックス、一九九九）。

これはおそらくロバート・ワドローをモデルに造形されたジェイムズ・カールソン・スウェット（一九三九〜五九）という世界一のノッポと、ケープ・コッドにある小さな町ブルースターヴィルの図書館に勤める司書のペギー・コートの人生（物語はペギーの一人称で語られる）を絡ませた長篇小説で、彼は最終的に身長二メートル五十八センチ、体重百八十八キロを記録したことになっている。死因は、ワドローと同じく敗血症であった。

実に巧みで面白い小説である。最初のほうをちょっと引用してみる。

彼は〝ザ・ジャイアント〟として知られていた。ほかにどう呼びようがあったろう？聡明でハンサムなうえ、才能にあふれ、けど、とてつもなく巨きくなる運命にあった。画家であり、アマチュアの奇術師、猛烈な手紙魔として、ジェイムズ・カールソン・スウェットはその一生を、背を丸めて坐ってすごした。猫背になった理由のひとつは大きくなりすぎたせい。花みたいなものだ。それに、少しでも小さく見せたかったから。幼稚園時代に一五〇センチ、十一歳で一八五センチあった。十六歳になったその週には、二二三センチになる。

こうして書き写してみると、文体やリズムだけでもう良作だと分かる。優れた映画が、最初の五分くらいのシーンで早くも傑作を予感させることが多いのと一緒だ。

語り手であるペギーは孤独で内省的で寂しい。そんな若い女性だ。ザ・ジャイアントであるジェイムズも、その肉体ゆえに孤独と寂しさとを抱え込まざるを得ない。二人の最初の出会いはペギーの勤める図書館で、そのときジェイムズは十一歳だった。それからの九年間、少年だった彼は青年となり、彼を見守っていた司書ペギーと恋愛関係となる。興奮や快楽やセックスの文脈ではなく、孤独で寂しい魂の持ち主同士が寄り添うという文脈での恋愛であり、だからそこには真摯な心と映像的な滑稽さと神話的な非日常性が立ち上がる。恋愛というストーリー形式が最強であることを、わたしはこの小説を通して再認識したのだった。

もし『ジャイアンツ・ハウス』を映画化しようとしたら可能だろうか。現在の技術なら、身長についてはクリア出来るだろう。きめ細かな心理描写の巧みな監督なら、一人称の物語でも大丈夫だろう。ただし全体が平板になってしまうというか、クライマックス的なものに欠ける可能性はありそうだ。いわゆる派手なクライマックスが必要とは思わないが、それに代わる頓智を提示しないと観客の脳裏に長くは残らない危険がある。

戦争と見世物小屋

二〇一七年に、スペインの監督アイトル・アレギとジョン・ガラーニョの二名によって『HANDIA アルツォの巨人』が制作された。たまたまNetflixで観たのだが、地味な未公開作品がこんな形で提供される世の中になったのかと驚かされたものである。

バスク地方のアルツォにはかつてミゲル・ホアキン・エレイセギ（一八一八〜一八六一）という人物が実在し、彼は二十歳を過ぎてからホルモン異常でいきなり背が伸び始め、結局身長は二メートル四十二センチに達した。その彼をモデルにして作られた映画である。

この作品では、小説『ジャイアンツ・ハウス』のように恋愛というストーリーは（メインでは）用いられない。代わりに、兄弟愛が軸となる。

貧農の息子であるマルティンとホアキンの兄弟のところに、ある晩いきなり兵士が来た。戦争の徴兵のためである。二人のうちどちらかが戦争に参加しなければならない。父はなぜかマルティンを指名し、彼は戦場に赴く。自分が指名されたことに「わだかまり」を覚えながら。マルティンは戦場で九死に一生を得た。その代わり、銃弾によって右腕は動かなくなってしまった。これではもはや家に戻っても農業は出来ない。だが町に行ってもろくに仕事はない。仕方なく三年ぶりに実家へ赴くと、弟のホアキンは巨人になっていた（この唐突な展開が素晴らしい！）。兄が戦争に加わっている間にホルモン性疾患を発病し、あれよあれよと身長二メートル四十二センチの異形な存在へと変わり果てていたのだ。いったいどうやって撮影したのか、あるいはどんな特撮を用いたのか知らないが、ホアキンの生々しい巨人ぶりが、青灰色を強調した鮮明な画面の中で異様な説得力をもたらす。画質の精密さと肉体的異常との組み合わせは、思った以上の迫力をもたらす（さきほどわたしは、大人の平均身長の二倍以上はなければスクリーンには映えないだろうと書いたが、いやはや撮り方次第で二メートル四十二センチの人間は観客を圧倒するのだった）。

急激な成長は肉体に負担を強いる。動作も不器用になる。これでは兄弟双方とも農業はあきらめざるを得ない。では、どうやって生計を立てれば良いのか。

ここでマルティンは、町で出会った興行師のアルサドゥンのことを思い出す。窮余の策として、巨人ホアキンを見せ物にしてはどうかと考えたのである。アルサドゥンが仲立ちをして、ホアキンはスペイン中を興行して回る。マルティンも世話役として一緒だ。初見での衝撃が勝負だから、巨人ホアキンの姿はなるべく人々の目に触れないよう気を配る必要がある。ということは、ホアキンとしてはあちこちを旅してもホテルや馬車の中にほぼ隠れているだけということになる。これでは毎日が嫌になってくるだろう。いっぽうマルティンも、いわばホアキンに寄生しているような生き方にうんざりしている。

見せ物として生きるのには屈辱感が伴う。報酬はたくさん得られたけれど、精神はすり減っていく。ポルトガルのマリア王女に接見したときには、彼女は表情こそ冷たく厳めしいものの下賤な好奇心を剝き出しにした。これだけ身体が大きいのならば、ペニスはどれほど巨大なのか。わたしの目の前で全裸になってみよ、と要求する。二十代前半の若者にとって、それがどれだけ自尊心を傷つけたことか。こうした妙にリアルな場面を、正確な歴史考証に基づいて舞台装置も衣服も含めきちんと再現してみせるあたりに、一流の映画の肌触りを感じずにはいられない。

一般に巨人症の者たちは不自然な物理的負荷が大き過ぎることに加えて老化が早く、長生きが出来ない。ホアキンも例外ではない。見せ物の日々を重ねるうちに、全身が衰弱してきた。旅を続けるのも苦痛だ。

いったん二人は家に戻る。興行先からの送金で、実家はいくらか豊かになっていた。しかし働かずに暮らせるほどではない。右腕の動かない兄と、ぎこちない動作の巨大な弟では、やはり「まっとう」な仕事が出来ない。仕方なく、今度は興行師アルサドゥン抜きで見せ物を再開しようとするが、相応のプロが関与しないとショーは上手く行かないものらしい。結局行き詰まり、だが文無しにならなかったのには理由がある。

おそらくホアキンは、自分を診察した医師に、自分が死んだら遺体を標本に用いて構わないと秘かに申し出たのである。遺体を自由にさせてくれれば高額の金を払うと別の医者に持ち掛けられた過去があったから。こうして一家はどうにか食いつなぎ、そしてホアキンは亡くなる。彼は埋葬されるが、遺体を標本にする旨の約束をマルティンは知らない。

何年かして今度は父が亡くなり、弟の隣に埋めようと墓地を掘り返すと、ホアキンの遺体が消え失せていることが判明する。あれだけ巨大だった遺体が、何者かに持ち去られている。マルティンには、なぜそんなことになったのかが分からない。悲しみや怒りよりも、当惑が彼を支配する。だが実情は判明せず、遺言でマルティンにはかなりの額の金銭が残される。そして物語は終わる。

これはハッピーエンドなのか。それともバッドエンド？　マルティンを恨んだこともあった。だがマルティンは、そもそも貧乏くじを引かされて戦地に赴き、右腕の自由を失ったのである。アメリカに渡って自分を試してみたいという夢も諦めた。最終的に、マルティンはアルツォという土地から抜け出せなかったのである。とはいうもののホアキンも、自分が死んだら遺体を標本にして構わないと秘密裡に承諾することで兄および一家を救ったのである。どちらもがそっと相手を思いやり、挫折を味わいつつ必死で生きて行くしかなかったのだ。

そのような切なさが、「墓を掘り返したら巨人の遺体がなくなっていた」という光景に収斂していくところに映画としての上手さがある。屍体の不在が物語の総括となることによって、観客としては深い溜め息を吐くことになる。ストーリーの起伏に乏しいと不満を綴ったブログがネットにはあったが、このラストがあってまだ文句を言うのは、感受性において、身長二百五十メートルの巨人が摩天楼街を暴れ回る映画と混同しているからとしか思えない。

それにしても、『ＨＡＮＤＩＡ　アルツォの巨人』がもたらすずっしりとした手応えには、映画そのものの〈物理的な成り立ち〉およびわたしたちに備わっている〈生理的な要素〉とに立脚している部分が非常に大きい気がするのである。あからさまに言ってしまえば、映画は閉塞した闇の中に二時間前後観客を閉じ込めて物語を映し出す（わたしは自宅では、かならず室内を暗くして大型モニターで鑑賞する）。そのような時間と空間の枠組みは、フィルム上に描き出されているのが壮大なものであろうと「ささやか」で断片的なものであろうと、何だか運命とか世の定め、人生の行く末といった宿命的なものを実感させやすい（あるいは錯覚させやすい）性質を本来的に帯びているような気がするのだ。わたしたちはそのようなものに、生理的に反応してしまう。

ただしそれは丁寧かつ細心に物語が提示された場合であり、それこそロジャー・コーマン的感性などの前ではたちまち消し飛んでしまうようなデリケートなものだけれど。念のために言い添えておくと、だからロジャー・コーマン的なものが否定されるべきとは考えない。それはそれで愉しむべき別なポイントがあるし、目指すものが違う。

わたしが言いたいのは、映画はそもそもその構造において〈運命の器〉とでも称すべき特性を持ち合わせているらしいということだ。しかもそれを受け止め実感する生理的要素が、大部分の人間には本来的に備わっている。

そんなことを思いついたのは、第三章で語ったガス・ヴァン・サント（どうでもいいけれど、若い頃の彼はロジャー・コーマンの助手をしていた）の『GERRYジェリー』と『エレファント』を観ていたときだった。

どちらも世間的には「何だかよく分からない映画」とされている。ことに後者は高校での大量殺人を扱っているが動機については描こうとしていない。人によっては、解決篇のないミステリーでも読まされたかのような不満を表明している。それはその通りなのだが、にもかかわらずわたしはこれら二つの作品にまぎれもない奥行きと満足感を覚えたのだった。世間と同じく微妙な不全感をも覚えていたにもかかわらず。

このおかしな感覚は何だろう。それを考えているうちに〈運命の器〉としての映画といったものに思い当たったのである。もしも世の中の監督たちが「注意深く扱えば、映画は自ら〈運命の器〉として機能する」と見定めたうえで作品を作っていくなら、理由の説明とか辻褄合わせに拘泥（こうでい）することなく大胆に事件や不条理を描いていけるのではないか、と。絵解きなしのまま、宿命の重さや不可解さをフィルムに定着させることが許されるのではないか。この点において、しばしば監督の思惑と観客との間にすれ違いが生じがちになるのではないだろうか、と。

「変態と思われてしまいますよ！」

ここでいきなり人殺しの映画に話を移す。

ポスターには「世界各国上映禁止。常軌を逸した実話を描く、映画史上最も狂った驚異の傑作、日本劇場初公開」と書かれたオーストリアの作品が、二〇二〇年七月に封切られた。もともと一九八三年に本国で公開されたものの世間から眉を顰(ひそ)められて封印に近い状態となり、日本では劇場で公開されず、それがやっと三十七年ぶりに我が国で封切られたのである。

作品名は『アングスト／不安』で、監督はジェラルド・カーグル（劇映画は本作以外に作らず、テレビへと転じた）。音楽はクラウス・シュルツェ、撮影はズビグニェフ・リプチンスキ、主演はアーウィン・レダー、と（いささか意外だが）一流どころだ。一九八〇年にオーストリアで起きた一家惨殺事件（犯人はヴェルナー・クニーセクすなわちKで、現在も服役中らしい）を描いたもので、監督は殺人鬼の心理をフィルムで表現したいと思っていたらしい。

なぜこの映画が「世界各国上映禁止」の憂き目を見たのか。その理由は、フィルムの大部分が陰惨な殺人の過程に費やされていたからだろう。殺人者Kの幼少期とトラウマについて少しだけ描写があったりもするけれど、基本的にはほぼ殺人一色だ。しかも本人のモノローグが被さる。自分勝手で唐突な思考が一方的に語られる。

常識的には、殺人には相応の理由や経緯があり、然るべき偶然やタイミングが関与し、また殺人は犯人にも被害者およびその周囲にも大きな影響を与える。したがってそのようなドラマを丁寧に描写してこそ、殺人の光景を映し出すことが許容される。だがカーグル監督は殺人の光景「のみ」を描いたようにしか見えない。つまり扇情的なパートのみを提示している。これは構造としてポルノと同じだろう。性器や性交だけをクローズアップするのは、下劣な好奇心に盲従した営みである、同様に殺人場面だけの映画なんて「いかがわしい」の一語に尽きる、と。それが上映禁止を決めた側の言い分なのではあるまいか。

確かにこの映画には「いかがわしさ」が横溢（おういつ）している。監督はあえてそれを狙っていたであろうが（そこにリアリティーが宿っているだろうから）、ポルノとは明らかに異なる感触も同居している。

その感触とは何か。答えは明快である。映画として良く撮れているのだ。ポルノでは、ある種の雑で安っぽいトーンが伴うのが普通だ。女優は間抜けな喘ぎ声を上げわざとらしく腰を動かすしか能がないし、男優はセックスの方便でしかない。いや、ポルノは映画である必然性すら乏しい。劣情を刺激するだけの仕掛けなのだから。他方、『アングスト／不安』には、細かい演出を含め、粗雑で投げやりな作り方はされていない。カメラワークや編集に独特の奇妙さが見られるが、これは殺人鬼の精神を表現するための意図的な手法であろう。

もしわたしがポルノを作れと言われたらおそらく躊躇すると思うが、それは倫理や道徳の話ではない。当方の性的な嗜好や歪み、欲望のありようがフィルムに反映されてしまって恥ずかしいからだ。カーグル監督は、こんな映画を作って自分の心の中の不健全な部分を開陳してしまうことを恐れなかったのだろうか。平気だったから公開に漕ぎ着けたわけだけれど、『アングスト／不安』を不気味な映画とわたしが感じるその主因は、「監督、あなたはいったい何を考えているのですか」というフレーズにまとめられる。「あなた、変態と思われてしまいますよ！」と。言い換えれば、殺人鬼やその行動が不気味なのではなく、ジェラルド・カーグル監督の精神のありようの不可解さに困惑するのである。

ネットで感想や批評を読んでみると、多くは殺人鬼の思考や感情に引きずり込まれ共鳴してしまいそうで恐ろしい、おぞましい、といった意見のようである。本当にそうなのか？　そのように述べたほうが論を立てやすいと判断しているだけではないのか。この映画を観てシリアルキラーに憑依されそうになる者がいたら、それはただの愚か者であろう。ヤクザ映画を観て、肩を揺すりながら映画館から出てくる兄ちゃんと同レベルであろう。

わたしはこの作品を支持するが、それは監督の心の得体の知れなさが「理由のはっきりしない凄惨な殺人」や「一見普通の人なのにとんでもないことをしでかす人」の存在と程よくリンクしているからである。そしてもうひとつ、奇怪なバランスのもとに成立している作品だが、映画としての存在感をしっかりと感じるからだ。

理由が説明されないまま殺人が描かれる映画に、ときおり出会う。説明や経緯の欠落に不満を覚えると同時に、そつなく明快に理由を説明されたら「人間、そんな単純なものじゃないよ」と反発するに決まっている。そのあたり、制作する側はシナリオの段階で悩むことも多かろう。だが最初からそんなことを無視するかのように作られる場合もある。

ほぼ『アングスト/不安』と同じ時期に撮られた作品に『ヘンリー』（一九八六）がある。ジョン・マクノートン監督の第一作で、これも実在のシリアル・キラーで自ら三百人を殺したと嘯（うそぶ）いているヘンリー・ルーカスを題材にしたアメリカ映画だ。一応子ども時代に虐待をはじめとして劣悪な生育環境にあったことが間接的に語られるが、その事実が、蠅やゴキブリでも殺すような調子でヘンリーが次々に表情すら変えずに殺人を重ねていく決定的理由にはなるまい。

では現在進行形で彼の心の闇や殺人鬼の心理を真っ向から表現しようとしているかといえば、

それも違う。おそらく、クールの極致みたいな人物をちょっとオフビートなノリの映画として撮りたかった――せいぜいその程度の意図だけではなかったかと思う。友人のオーティスに人殺しのシーンをビデオで撮影させてあとで観るとか、そのあたりもメタ映画風味の表現としてのカッコ良さやエスプリとして（ちょっと得意げに）監督は提示している気配がある。気負った監督の自意識過剰さが見て取れてしまう。したがって今のわたしはあまり評価する気になれない。80年代当時だったら、イケてると思ったかもしれないが。

さてカーグル監督のほうは、さきほども述べたようにもっと底が知れない。彼の精神は荒涼とはしていても、クールではない。生々しく、みっともなく、人間に似たおぞましい生き物として犯人Kを描いている。しかもKと犠牲者一家との、偶然と狂気に司られて生じた惨殺場面は〈運命の器〉としての映画内にきっちりと封じ込まれている。だから得体が知れず理解不能なりに、殺人鬼の存在や彼の行動をわたしたちはそっくりそのまま受け止めざるを得なくなる。そのような効果の計算を可能にしたのは、まさにカーグル監督が「注意深く扱えば、映画は自ら〈運命の器〉として機能する」ことにしっかり気づいていたからだろうとわたしは勝手に推測するのである。

ロベール・ブレッソン監督の遺作、『ラルジャン』(一九八三)はどうだろう。こちらはアート寄りの映画として評価が高く、カンヌ国際映画祭監督賞やカイエ・デュ・シネマ誌で年間ベストワン、全米映画批評家協会賞監督賞などを受賞している。非常に独特な映画文法ないしは考え方で作品を撮る監督で、しかしアバンギャルドであるとかシュールという程には「難解」ではない。むしろオシャレに見えるくらいだ。

映画は前半と後半でかなりトーンが異なる。まず前半だが、こちらはストーリーとして分かりやすい。一人の高校生が借金に困って友人に相談したら、偽札を使って商店から金を騙し取ろうと持ち掛けられる。実際にそれは上手くいったが、使用された偽札のせいで何の罪もない燃料配達の男イヴォンが(偶然の成り行きから)偽造団の一味と疑われ、以後雪だるま式にイヴォンは不運に見舞われ、刑務所には入れられるしその間に妻からは離縁され幼い娘は病死するといった具合に徹底的に不幸になる。すべては偽札一枚に端を発するが、本来は無関係だった筈の一人の男の人生が破滅してしまったわけである。そうしたあまりにも悲惨な負の連鎖が、まことに手際良くスタイリッシュに語られていく。

問題は後半である。

イヴォンは満期刑期終了で刑務所から出る。だが既に家族はなく、身を寄せる場所もなければ相談する相手もいない。もちろん仕事なんかない。

彼は小さな安ホテルに部屋を取る。でもそこで休むわけではない。何の前触れもなく、イヴォンはホテルを切り盛りしている夫婦を殺す（直接殺害場面を描かず、いきなり洗面台で血のついた手を洗っているところを写して事件を示唆するなど、いかにもアートっぽいカッコ良さである）。わずかな金を奪い逃げ出す。金のために殺したとも思えるし、世間への憎悪と自暴自棄の結果とも思えるが、それにしてもこの殺人は唐突なのである。必然性に乏しい。観客としては困惑せずにはいられないが、画面はたちまち翌日の昼間に移る。

町で見掛けた老婆を、イヴォンは尾行する。理由は描かれない。とにかく尾行する。そしていつの間にか、町外れにある彼女の家に居候するようになる。経緯は描かれない。イヴォンはホテルでの殺人を彼女に語り、しかし老婆は驚かない。「私が神ならばあなたを許すわ」と彼女は告げるが、なぜそう言うのかも描かれない。

老婆の境遇は悲惨であった。家には、もとピアノ教師で、横暴かつ飲んだくれの父がいる。二階には妹夫婦が住み、障害者の息子もいる。彼らにとって家政婦同然の役割を老婆は担っていた。文句も言わず黙々と日々の仕事をこなしていく。畑もあり、ジャガイモを栽培している。そんな老婆とイヴォンとは、いわば貧乏籤を引いた同士といった共感が成立しつつあったようにブレッソン監督は撮っていく。ここで老婆の包容力によりイヴォンが良心に目覚め我に返るというのなら、ストーリーとしての首尾が整うだろう。感動的な映画になったかもしれない。だがそんな展開にはならない。ある晩、イヴォンは斧を使って一家を惨殺する。老婆の寝室に押し入った際には、「金はどこだ」と問う。彼女は落ち着いた様子で彼と向き合い、次の瞬間にはあっさりと斧で殺害される。いきなり暴力的な展開が訪れることによって、期待された予定調和は斥(しりぞ)けられる。

一家皆殺しのあと、イヴォンは川に斧を投げ捨て、居酒屋へ赴く。落ち着いた様子でアルコールを一杯飲み、それから彼は、そこへたまたま立ち寄っていた警官に自首する。最後のシーンは、手錠を掛けられたイヴォンが警官たちに連行されるところだ。詰めかけた野次馬たちはなぜか連れ去られるイヴォンには目を向けず、さっきまで彼がいた「からっぽ」の居酒屋の内部を覗き続けるという不思議な映像で終わる。

この映画を見終えて、「いやあ、さすがブレッソン監督だなあ。なるほど考えさせられたよ！」なんて感想を洩らす人は稀ではないだろうか。多くは「は？　よくわからないですけど」と思うだろう（たぶん）。木に竹を接いだような展開なのだから、戸惑うほうがまっとうな神経だろう。

なぜ野次馬たちは、連行されるイヴォンではなく空っぽの居酒屋の内部のほうを覗き込んでいたかという疑問については、いろいろ説があるようだし監督自身は「彼らは空虚を見つめているのです。そこにはもはや何もありません。善は去ってしまったのです」と謎めいたコメントをしている。この疑問についてはここでは触れない。それよりも、イヴォンがなぜ殺人を犯したのか、である。

前半を観れば、彼がいかに世の中に絶望し憎しみを抱え込んだかは分かる。だがそのような境遇に置かれたら、精神を病むか自殺するか（緩慢な自殺としてのアルコール依存や薬物依存、セルフネグレクト等を含む）、さもなければ宗教に走るあたりが順当ではないのか。それに比べたら、二回に分けて計七名に及ぶ大量殺人の実行はあまりにも異様である。例外中の例外であり、そんなことをしでかす精神にはきわめて特異な何かが作用しているに違いないと思いたくなる。

だがブレッソン監督は「理由」を無視する。「特異な何か」を無視する。無視するのは勝手だけれど、映画という商品においてそれは欠陥品ということにならないか。すべてを分かりやすく明快にする必要はない。確信犯的に謎を残す方法だってあろう。でもやはりわたしは釈然としないのだ。監督は悪魔のように手際よくイヴォンを不幸のどん底に叩き落とした。監督はダークサイドにおいて全知全能の立場にあるということだ。ならばイヴォンの殺人行為についても、相応の必然性をわきまえている筈だろう。そうでなかったら、気まぐれの小手先で「イヴォンを人殺しにしてみました」というのが真相ではないかと疑われても仕方があるまい。「だって、殺人のほうがセンセーショナルだもん」と。

このような勘繰りをしたくなるのは、『ラルジャン』はアートっぽい映画としてきわめて美しく出来上がっているからだ。独自な映画文法、ユニークなショット、計算された色彩と構図。そして八十四分に凝縮された上映時間。これらによって、まさに〈運命の器〉として映画が機能している。そのことによって、語るべきを語らぬままの内容がまことしやかな作品として立ち上がってしまう。そうしたマジックに誤魔化されている不信感をわたしは拭いきれないのである。

作家の筒井康隆が、『創作の極意と掟』という本を出している（講談社、二〇一四）。これはかなり驚くべき一冊で、小説を書くコツや注意点について、初心者向きというよりはむしろある程度キャリアのある作家向けに、小説家としての企業秘密を披露したといった内容だからである。何よりも感心したのは、あたかも根源的な部分から自然に滲み出てきたように感じられる要素がまさに小手先で可能だと言い切るその率直さであった。一例を紹介してみたい。

小説の魅力には凄味といったものが必要と筒井は述べる。それには大いに賛同したくなる。ただし死や恐怖を描けばそのまま凄味が生じるといった簡単な話ではない。「もっと人間の深層の襞の中にある不条理感、無力感などが刺激されねばならない」と正論を述べつつ、こんなことを「しれっと」書く。

以下は読者サービスというか、ほんのちょっとした「凄味」のサンプルである。（中略）本来のストーリイを書き終え、どうも凄味が不足していると感じられた方には、案外重宝するエピソードかもしれない。

主人公は男でも女でもよく、住んでいるのは自宅でもマンションでも下宿でもかまわない。この主人公が毎晩、夜まわりの「火の用心」という声、そして拍子木の音を聞く。声は老人らしく、嗄れてはいるが上品な声である。どんな人がまわっているのだろうと主人公は気にする。

本筋のストーリイが進行している途中でもよいし、冒頭の前段に続いてでもいいが、ある夜主人公はいつもより遅くなった帰宅の途中でこの夜まわりの声と拍子木の音を聞き、チャンスとばかりに家並みを歩いてその声音を追う。だが、なぜか夜まわりの姿を見ることができない。

そして結末。本筋が終ってから次の一節をつけ加えればよろしい。

「今夜もまたあの夜まわりの声と拍子木の音が聞こえてくる。どんな人なのだろうなあと想像するが、遭うことはできない。もしかしてあの老人には、誰も遭うことができないのかもしれない」

如何ですかな。ちょいとした凄味一丁あがり。うまく本筋と折り合えばいい短篇になりますぞ。

筒井の実績があってこその説得力であり、また手の込んだ逆説に思えたりもするが、早い話が「凄味なんて、小手先で出せるんだぜ」と言っているわけである。

わたしはどんな深遠な思想を持った映画監督でも、実は「ちょいとした凄味一丁あがり」的な企業秘密をいろいろ持っているだろうと考えている。いや持っていないほうがおかしいだろう。どれだけ自覚しているか、どれだけ素直に認めるかはともかくとして。そして「注意深く扱えば、映画は自ら〈運命の器〉として機能する」といったセオリーも実は「ちょいとした凄味一丁あがり」と大差がないのではないかと疑うのである。もちろんわたしは映画を監督したことなんかないから、下衆の勘繰りに近いかもしれないことは一応わきまえているが。

話を『アングスト／不安』に戻すと、やはりこの映画の凄味は「一丁あがり」とは別のところから湧き出ている気がする。いやそれどころか筒井の出来の良い短篇小説は、むしろ『アングスト／不安』の凄味に近いものを内包しているようにも思われるのである。といった次第で、創作の秘密は二重底どころか何重にも底のある仕掛けだろうなあと思わざるを得ないのであるが、いずれにせよ〈運命の器〉に甘えて「一丁あがり」の映画が過大評価を受けているケースは予想以上に多い気がする。

第六章
博士と怪物

第六章 博士と怪物

透視する目

「マッドサイエンティストもの」と呼ばれるジャンルがある。

いささか常軌を逸した天才科学者がいて、この人物がおかしな発明をしたり斬新な理論を考案する。それはそれで大変な成果であるけれど、彼（彼女というケースをわたしは知らない）はその成果を好奇心か復讐か卑俗な欲望に利用しようとする。ときには高邁（こうまい）な目的を持っている場合もあるが、遅かれ早かれどこかでボタンを掛け違えてしまう。やがて彼の成果は暴走し、当人にも収拾がつかなくなる。そして天才科学者は自分自身の成果に裏切られる形で悲劇に見舞われ、すべては水泡と帰す。

このような話法というかパターンに則ったSFサスペンス／ホラーはすこぶる多い。さまざまなSF的アイディアをこのパターンに流し込めばとりあえず物語が完成するわけだから、重宝されるのも無理はない。

でも安易にパターンに頼り過ぎると、観客としては「これじゃない」感を強く覚えてしまう。こちらとしてはSF的アイディアの見せ方や料理の仕方にこそ関心が向いているのに、どうやら映画制作者のほうは破綻（はたん）なくストーリーを語り終えたい気持ちのほうが強いようで（そうでなければ作品として成立しない）、そのギャップが不全感の残る映画を出現させる大きな理由のひとつになっているのではあるまいか。ジョン・カーペンターに声援を送りたくなるのは、彼がそのあたりを自覚し、往々にしてSF的アイディアへの偏愛を躊躇なく優先させるからだろう。

けれども、パターンに頼る安易さが必ずしもわたしをうんざりさせるとは限らない。そこがまさに映画ゆえの独特な味わいにつながることもあるのである。

一九六三年にアメリカで公開された（日本では劇場公開されず、地上波テレビ放映とDVDのみ）ロジャー・コーマン製作・監督の『X線の眼を持つ男』は、まさにマッドサイエンティストものの映画である。

主人公はエグザビア博士（優秀な医師。役回りはマッドサイエンティストだが、本来は邪心のない高潔な人物）で、彼は人間の目の機能を高めて透視能力を発揮出来るようになる目薬を開発していた。普通は、わざわざそんなものを開発するに至る動機を提示して物語に膨らみを持たせるものだが、ロジャー・コーマンはそんな回りくどいことはスルーする。そこがまさにB級映画の証しだろう。

博士は開発途上の目薬を、自分の目に点眼してみる（自分で試してみたがるのが、マッドサイエンティストの特徴のひとつに違いない）。すると——透視に成功する。壁の向こう、箱の中、重ねられた書類の二枚目の文章。そうしたものが苦もなく見える。X線の目を、一時的にではあるが持つことが出来たのである。これさえあれば、肉眼によって、医師は患者の体内に潜んでいる病巣や病変を即座に見抜くことが可能だ。人間に大いなる福音をもたらしてくれるのではないか？

もっと研究を進める必要がある。博士は財団に研究費の申請をするが、小馬鹿にされて門前払いされてしまう。いやそれどころか病院からも理解を得られず、しかも些細な言い争いから同僚を窓から転落させてしまう。博士は過失致死の犯人になってしまったのだ。

ここで罪人となってしまったら、画期的目薬の研究が中断してしまう。福音がもたらされなくなってしまう。そこで彼は逃亡することにした（このあたりから博士のパラノイア度が加速され、本格的なマッドサイエンティストになっていく）。点眼を続けているうちに、目は瞼（まぶた）を四六時中透視するようになってしまった。瞼を閉じても、眩しくて仕方がない。そこで変装を兼ね、サングラス姿で博士は逃亡する（このサングラスが、当初は普通のフレームに黒っぽいレンズを入れただけであったのが、やがてレイ・チャールズが掛けていたような、脇からも目が遮蔽される「こわもて」のタイプに変化するあたり、意外に芸が細かい）。

逃亡生活を維持するには、そして研究を継続するには、軍資金が必要だ。正体を隠しつつ金を稼ぐにはどうすれば良いのか？　ここで観客であるわたしは、苦笑いしつつ手を叩きたくなってしまったのだ。なぜならエグザビア博士は見せ物小屋に紛れ込み、透視術を持った超能力者として日銭を稼ぐようになったからだ。

大病院の一流医師（目の研究をしていたが、もともとは外科医だったらしい）が、場末の見せ物小屋で芸人として生きるわけである。中国とアラビアのテイストを混ぜ合わせたような怪しげなガウンを身に着けているが、その下にしっかりとネクタイを締めているのは最後の自尊心を示しているのだろうか。十五センチくらいは幅のありそうな目隠しを巻き付け、しかもその中央にはプロビデンスの目（神の全能の目を表し、一つ目で表現される。それが三角形に囲まれた意匠は米国の1ドル札に印刷され、また、ときに秘密結社と誤解されるフリーメーソンにおいてもシンボル的に用いられる）が、漫画じみて描かれているのだ。このシーンは、個人的にはいちばんインパクトが強かった。

当然のことながら百発百中で透視してみせるので、芸人仲間も最初はトリックだろうと疑っていたが「ありゃ、本物かもしれない」と言い出す始末である。

芸人博士は、観客の一人が骨折しているのを透視し応急処置を施す。それを目撃した見せ物小屋の興行師は、芸人よりもオカルト医として活躍したほうが儲かるだろうと判断する。このあたりのえげつない展開は、ロジャー・コーマンの人柄をそのまま反映しているのではあるまいか。そこで患者のどこが悪いかを巧みに透視して見立てを行う超能力ドクターとして、興行師に監視されつつ古ぼけたビルでひっそりと開業するようになる。いかがわしくはあっても、博士なりの良心がここに発露されているわけである。

超能力ドクターは巷で評判となり、それを聞きつけたダイアン（病院で博士の助手をしていた美女）は遂にエグザビア博士を発見する。と同時に興行師に正体を見破られ、博士はダイアンと一緒に再び逃亡する。ここでまた軍資金が必要だということで、今度はラスベガスへ乗り込む。透視能力を駆使してギャンブルに勝ちまくるものの、怪しげなサングラスに加えおよそ場違いな雰囲気の博士はイカサマを疑われる。ここで逮捕されたら過失致死の件も露見してしまう。そこで獲得した大金をその場でばらまいて騒動を起こし、その混乱に乗じて逃げ出す。

もはやダイアンともはぐれてしまい、一人で自動車で逃げるが、今や追いかけてくるのは警察である。

ささやかなカーチェイスの末、博士は車を乗り捨て荒野を彷徨う。すっかり追い詰められてしまった。もはや逃げ場はない。すると、いきなり大きなテント小屋に出くわす。いささか狂信的な雰囲気の巡回牧師による移動教会だ。キリスト教原理主義のイカれた教会だ。大勢の信徒たちの前で博士は牧師にすがる。その時点で彼の目はもはや変質し、透視能力が過剰となって太陽に目を焼かれた状態になっていた。そんな彼に向かって牧師は叫ぶ、「もし邪悪な目を持てば自らの手で抉り出せ」。そして博士が本当に目を抉ってしまうところで映画は終わる。

X線の目を持つことが出来れば、何もかもが透視可能となる。昔の少年雑誌には、X線メガネという怪しい玩具の通販広告が載っていたものである（『見える、見える！』がキャッチフレーズだった。いや、ゼブラの透明軸のボールペンのキャッチフレーズだっただろうか）。なるほど、確かに透視能力は魅力的に思える。

だが、わたしたちがX線の目を得たとき、それをいったい何に利用するだろうか。トップは、服を透して異性の裸を見るとかピーピング・トムの類だろう。情けないがそれが現実というものだ。最初は楽しいかもしれないけれど、もしかすると幻滅や失望、それどころか人生観の変化すらもたらすかもしれない。案外すぐに飽きてしまいそうな気もする。もうひとつはスパイ行為ないしは不正行為だろう。すこぶる効果的で、しかもバレない。ポーカーでも行えば、絶対に負けない。ラスベガスに乗り込んだエグザビア博士のように不自然な振る舞いをしなければ、上手くいく。

とはいうものの映画として考えると、透視能力というテーマは意外に扱いが難しい。少なくとも、映像的に観客を驚かせたり感心させることは容易でない。いくら主人公がポーカーに勝ちまくっても、すぐに客は退屈してしまう。興味を持続させられるのはポルノ分野がせいぜいで、スパイやギャンブル方面で面白いシーンを作り出すのは難易度が高い。地味過ぎると言い換えても良いのかもしれない。

むしろ矛盾やツッコミどころがあれこれ生じてしまい、それがストーリーの展開を阻害しかねない。『X線の眼を持つ男』でも瞼が光を遮る役目を果たさなくなってしまうので難儀するといった描写が出てきたが、そうした点を突き詰めると、それこそ鉛の眼帯をしない限り当人は失明するか不眠で精神が破綻することになるだろう。ストーリーが進む前に、透視能力を持った当人が自滅してしまう。

ならば本人が透視能力を調節出来るといった前提にすれば良いかもしれない。だがそういった前提条件をあれこれ提示すればするほど、物語はシンプルさを失ってつまらなくなる。御都合主義の作品に思えてしまう。そもそも透視能力は積極的な能力ではない。他人に対してダイレクトに作用を及ぼせない。隠されたものを見てしまうことによって、間接的に相手よりも優位に立てる能力でしかない。本来は、きめ細かな心理描写がなされるデリケートな内容の映画にこそ相性が良く、「がさつ」なB級映画には合わないのではないのだろうか。

ロジャー・コーマンの『X線の眼を持つ男』をわたしがそれなりに楽しめたのには、大きな理由がある。すべてがほぼ予想通りだった、ということだ。

意表を突かれるような、想像すらしなかった展開など一切なかった。物語の基本構造はまさにマッドサイエンティストもののパターンに則っている。もはや様式美を実践しているようなものである。金銭を得るためにエグザビア博士が見せ物小屋で透視術の芸人になるところは、ある意味では驚きであった。だがそれはこちらの想像力を凌駕したからではなく、「えー？本気でそんな展開にしちゃうのかよ」という半ば呆れ、半ば期待を裏切らないでくれたという喜びに立脚している。

しかも「あざとい」ほどのキッチュな芸人姿に「コーマン監督、やってくれたなあ」と掛け声（大向こう）を発したくなる。結局、予想通りの筋運びと、予想を少々超えた「やり過ぎ」感とによって、観客とのあいだにどこか連帯感に近いものが生じる。もしかすると共犯関係に近い気分であるかもしれない。

おそらくこうした楽しみ方は、B級ゆえの変則的なものであろう。本来だったら許容なんかしたくない安直な制作姿勢を少なからず受け入れているあたりに自分でも戸惑う部分はあるが、そこを我ながら懐が深いと自己肯定するのもまた醍醐味である。そしてわたしが気分的に鬱々としているときには、このような映画のほうが慰めになるのだ。自己憐憫めいたトーンもあるが、こういったB級作品を作る人たちへの自分勝手な共感も含めて、やはり慰めになる。逆説的な言い方になるが、秀作や傑作ばかりがわたしたちの心に寄り添ってくれるわけではないのである。

エグザビア博士の目は、周囲のあらゆるものを「透明」にしてしまう。いっぽう、本人だけが「透明」といった設定もあるわけで、いわゆる透明人間がそれに該当する。

透明人間映画の鼻祖は一九三三年ユニバーサル映画で製作された『透明人間』で、監督はジェイムズ・ホエールであった。同題の（H・G・）ウェルズの小説をベースにしており、手堅くまとまったバランスの良い作品である。特撮も当時としては大いに健闘している。内容としては、透明人間が欲望全開で好き放題に振る舞うというよりも、①透明人間からもとの人間に戻れない苦悩、②透明薬（モノケイン）の副作用で性格が凶暴化し自分をコントロール出来なくなる恐怖――この二点を軸にストーリーが組み立てられていた。たしかに端正に作られたマッドサイエンティストものであるけれど、ストーリーから見ればことさらモンスターが「透明人間」である必然性はない。そこがいささか物足りなく思われたのだった。

さて迂闊にも、つい最近まで、わたしはこの作品に続篇があることを知らなかった。正篇が公開された七年後に、『透明人間の逆襲』が同じユニバーサルで、ジョー・メイ監督で封切られているのだ。

今度はただのマッドサイエンティストもので纏めるわけにはいかない。まずは透明人間が登場する必然性が求められるだろう。そこで続篇においては、脱獄のための手段として透明薬（こちらではなぜかデュオケインとなっている）が用いられたのだった。

まず、ジェフリー・ラドクリフという男性がいる。彼は罠に掛けられて兄殺しの犯人に仕立てられてしまい、今や刑務所で絞首刑を待つ身であった。そんな彼を助けようとするのはフランク・グリフィン博士で、彼は正篇でマッドサイエンティストとして悲劇の運命を辿った元祖・透明人間ジャック・グリフィン博士の弟で、兄から引き継いだ透明薬を持っている。だが兄同様、いまだに透明化（そしてそれに伴う精神の凶暴化）を解消する薬を開発出来ていない。しかし緊急にジェフリーを脱獄させねば、彼は死刑を執行されてしまう。

そこでフランク・グリフィン博士は収監中のジェフリーに面会し、その際に透明薬をそっと手渡す。いわば見切り発車で薬を服用したジェフリーは透明化し、服を脱ぎ捨て、隙を見て見事に脱獄を果たす。

だが案の定、透明人間となったジェフリーは凶暴化していく。というわけで、物語は三つの要素を絡めて推進してくことになる。すなわち、（1）凶暴化し暴走していくジェフリーの振る舞い。（2）ジェフリーを罪に陥れた真犯人捜し。（3）透明化を無効にし精神を正気に戻す薬剤の開発――この三つである。

さすがに正篇から七年経っていると特撮も向上している。警察側は透明人間の身元特定に指紋を用いたり、雨の中や煙の中ではうっすらと姿が見えてしまうことを利用して逮捕を図る。かなり念入りに検討した挙げ句にシナリオが書かれたのだろうと想像がつく。そこに好感が持てる。

精神科医の立場として述べるなら、透明人間の凶暴化していくところが妙に生々しいのである。これは単にキレやすくて獰猛な人物に変貌していくだけではない。いわゆる（重症の）躁病ないし躁状態にきわめて類似しているのですね。「躁」というのは、陽気でハッピーで少々騒がしいといったイメージからは遠い。誇大妄想的で常にイライラと落ち着きがなく、感情を抑制出来ずに怒りっぽい。無礼な態度、反社会的な振る舞いに平気で及び、分別や良識から逸脱する。自己中心的で自画自賛、気まぐれで妙に活動的、しかも好戦的。世界征服だとか世紀の大発明だとか、そういったチープなことを平気で口走る。巨大な悪の組織の首領やマッドサイエンティストみたいな雰囲気になる。しかもそれがコントでもパロディでもなく「本物の」精神症状なので、正直なところ「厄介だなあ」と呟きたくなる。医者の説得には決して耳を貸さないので、入院を考えざるを得ないケースが多い。

そのような躁状態が醸し出すリアルな「ヤバさ」が透明人間の周囲に渦巻いている。この部分がいちばんのホラーであった。

映画では最終的に真犯人が分かり、ジェフリーの無実は証明される。いっぽう透明人間のまま彼は銃で撃たれて重傷を負う。出血多量でこのままでは危険だ。透明化をキャンセルする薬を開発出来なかったフランク・グリフィン博士は、とにかくジェフリーを救うべく輸血を決意する。無実が判明したので、多くの人たちが自分の血を輸血してあげてくれと志願する。というわけで透明人間に赤い血を輸血するというドラマチックなシーンになるが、フィルムがモノクロなのがまことに残念である。

いささか御都合主義ではあるものの、結末は上手く出来ている。他人の血を輸血することそのものが、結果的に透明状態を解消する効果を示すのである。透明薬の血中濃度を低下させるのみならず、何らかの化学反応が生じたからなのだろう。ジェフリーは死を免れたどころか、ベッドの上でみるみる可視化する。ここが当時の技術にしては念入りに撮られている。まず血管系のみが現出し、筋肉が露わになり、それからジェフリーの姿がくっきりと見えてくる。ポール・バーホーベンの『インビジブル』（二〇〇〇）では同じプロセスがＶＦＸを駆使して「えげつない」ほど鮮明に視覚化されていたけれど、こちらの一九四〇年版では、むしろ学校の図書館で人体図鑑の頁を繰っていたときの記憶に近い。そのようなおおらかな味わいがあって悪くないのである。もちろんジェフリーはめでたく可視化したのみならず精神も正常を取り戻してハッピーエンドとなる。

あえて深読みをするなら、善意のこもった他人の血が注入されることで「透明人間」という怪物はやっともとの姿を取り戻し、それどころか正常な心を取り戻せたという次第である。ちゃんと教訓めいたものまで埋め込まれた優等生的「続篇」なのである。

巧みに作られてはいるが革新性はない。著明な俳優が出ているわけでもない。取り立てて欠点はないが、語り継がれるようなシーンもない。それゆえに『透明人間の逆襲』は呆気なく忘れられてしまった。『X線の眼を持つ男』のようにいい加減な（そして毒々しい）映画のほうが、よほど人々の記憶に残ってしまう。悲哀に近いものを覚えたくなる。

W・C・レントゲンとリュミエール兄弟

特撮といった観点から申せば、姿は見えないのに雪の上に次々と足跡が出現してくるとか、頭に巻いた包帯を解いたら空っぽだったとか、そのあたりはスタッフの腕の見せどころなのだろうが、観客の側からすればせいぜい「お手並み拝見」のレベルでしかない（一九三三年の時点では驚異的だったのかもしれないが）。すぐに見慣れてしまう。それよりはやはり、透明人間が可視化して姿を現すときの描写が重要だろう。H・G・ウェルズの原作でも、その部分はきっちりと書かれている。原作の透明人間は町の群集に殴られたり蹴られたりで死んでしまうのだが、屍体が見えてくる部分を引用してみよう。


大男の工事夫の腕の下から現場を見ていたひとりの老婆が急に叫んだ。「そこを見てごらん」と彼女は皺だらけの指をつきだした。彼女の指さしたあたりを見ると、ガラスでできたような透明なものが見えた。それは手の型をしており、血管や骨や神経が見分けられたが徐々に不透明に近づいていった。

「ほら！　こっちに足が見えだしたぞ！」

と巡査が叫んだ。

ゆっくりと透明人間グリフィンの身体が見え始めた。腕と脚から胴体へと変化は進んだ。

まるで毒が緩慢に作用してゆくようであった。まず第一に細く白い神経系統が浮きあがり、手足の輪郭が灰色にぼんやりと見え始め、続いてガラスのような骨格に血管の網が見えた。肉と皮は霞のような状態だったものが急速に不透明になり、最後に血だらけの胸と肩が現われてきた。同時に顔も見えてきたが見るもむごたらしく毀れた鼻や口を人々は正視できないようだった。そこには凡そ三十歳前後の若い男の傷だらけの屍体が横たわっていた。

(『透明人間』橋本槇矩訳、岩波文庫、一九九二)

結構詳しく描写がなされている。単純に姿が見える/見えない、といった話ではなく、体内の組織が透ける描写というのはかなり画期的なのではあるまいか。なるほど人体解剖の図譜は既に存在していた。だがそうしたものと透明人間とでは、イメージ的に異なる文脈にあるのではないのか。解剖は冷徹な(そして身も蓋もない)学問に属し、透明人間は疑似科学どころか法螺(ホラ)話やオトギ話に近いのである。容易に両者は結びつかないような気がする。そこでひとつ、思い当たることがある。

ウェルズが単行本で長篇『透明人間』を出版したのは一八九七年で、当初は雑誌『ピアソンズ・ウィークリー』に連載されていた。そうなると単行本が出る数年前あたりに、もしかするとこの小説、ことに右に引用した描写の着想に影響を与えそうな事件でも起きていたのではないのか。そんな見当をつけて調べてみたら、果たして該当しそうな出来事がしっかりと起きていたのである。

一八九五年十一月八日に、ドイツの物理学者W・C・レントゲン（一八四五〜一九二三）がX線を発見していたのであった。同年十二月二十八日には手の骨の透視写真を添えた論文が発表されてセンセーションを巻き起こし、数ヵ月後にはX線が骨折の診断に用いられるようになっていたという。この「手の骨の透視写真」が小説の描写のみならず、数多く作られた透明人間ものの映画にも影響を及ぼしたのではないのか。もちろんそれはわたしのささやかな思いつきに過ぎないわけだが、一八九五年にはもうひとつ特筆すべきエピソードがある。

同年十二月に、リュミエール兄弟が短篇映画『ラ・シオタ駅への列車の到着』を世間に公開し（有料だったので、世界最初の映画館がオープンしたと言われている）、スクリーンに映し出された「こちらに向かって突進してくる蒸気機関車」に度肝を抜かれた観客たちが思わず立ち上がって逃げ出そうとした、といった事件が起きているのである。すなわち映画のもたらす前代未聞の迫真性が確認された次第で、そのようなインパクトと「手の骨の透視写真」の驚異とが、いかにも映画に相応しい透明人間の可視化という一連のシーンに結実した可能性はないのか。少なくとも時代の雰囲気そのものがウェルズのペンを通して、透明人間が体内組織を露わにしつつ可視化していくという描写に体現されているように思えてならない。

サイコパスとモンスター

いわゆる透明人間ものは基本的にマッドサイエンティストもののストーリーに準拠しているとわたしは考えていたのだが（透明人間をダシにしたポルノを除く）、ときには珍品もある。二〇一六年にジェフ・リドナップ（『デッドプール』や『ロボコップ』の特殊メイクを担当した人らしい）が監督・脚本・製作を行った『アンシーン　見えざる者』という作品がある。原題は *The Unseen* で、ＤＶＤのパッケージには「『透明人間』ジャンルに一ページを残す傑作が誕生！」などと食指をそそるキャッチフレーズが書かれている。

まあ新趣向ではある。まず、この映画において透明化は病気なのである。どうやら遺伝的な病気らしい。さらに、透明病を発病した人物は何年もかけて全身が透明化するわけだが、普通、全体的に影が薄くなりやがてフェードアウトするように透き通ってしまうと考えたくなるではないか。でもそうではない。葉っぱのあちこちに虫食いの穴が生ずるように、全身にランダムに透明な部分が生じる。視覚的には、どんどん穴だらけになって最後に完全な透明人間になってしまう。

主人公のボブは既に透明病を発病しているが、それを周囲に悟られないように振る舞っている。そのために家族とも別れた。いつも毛糸の帽子を被っているのは、頭部が透明化しているからだ。腹にも透明化した部分がある。映画の始まりのほうで、シャツを着たままのボブが闇の中でテレビの前に立つシーンがある。するとテレビが放つ青白い光の一部が彼の身体を透過して見える。ここを目にしたときは「もしかして、知られざる傑作かも」と期待した。が、結局は無理ばかりが目立つ退屈な映画であった。

透明病で身体のあちこちに穴が空いたようになって、そこから覗き込めば骨や内臓が見える。にもかかわらず、最後までそこをはっきりと映し出さない。グロテスクだから映さないのではなく、予算がないからそこまで作り込めなかったとしか思えない。そこがフラストレーションを感じさせる。

そもそも身体が透明病に犯されつつあったら、それは気味の悪い姿になるだろう。そこを強調するのかしないのか、力点の置き方が曖昧で中途半端なのである。病に苦しむ人間の姿を描き出したいのか、奇怪な病気になったその姿を見せ物小屋的好奇心で捉えたいのか。それがあやふやなので、ちっとも盛り上がらない。

最後に至っては、別れた娘も透明病を発病しつつあることが判明する。それを受け入れ、親子で透明人間としてひっそりと生きて行こうといった終わり方なのである。ボブはともかく、思春期のアメリカ娘が透明人間になって静かに生きて行こうとするものなのか。人間ドラマとしても、まったく御都合主義に終わっている。ボブたちが医学に頼ろうとしないのは、実験材料にされるのが嫌なのか。

脚本を書き監督も行ったジェフ・リドナップは、たぶん当初は「すごいアイディアを思いついたぜ！　これを人間ドラマに絡めれば、史上最高の透明人間映画が出来る筈だ。アカデミー賞も夢じゃないぜ」などと有頂天になったのではあるまいか。しかし制作を進めていくうちに、次第にストーリーの破綻や底の浅さ、発想の不自然さなどに気づいていっただろう。だが途中で放棄するわけにはいかない。クォリティーなど二の次で、とにかく完成させなければならない。そんな苦悩や不全感や悔しさが伝わってくる。まさに（監督にとっての）トラウマ映画としか形容のしようがない作品なのであった。

透明人間ものの新機軸を案出するのは、もはやかなり難しいだろう。一九八八年に『透明人間の告白』（Ｈ・Ｆ・セイント、高見浩訳、新潮社）という小説が翻訳出版され、かなり話題になった。事故で放射線を浴びて透明人間と化してしまった主人公が、ＣＩＡに追われつつニューヨークで生き延びていく様子が克明に書かれ、透明人間にまつわるツッコミどころや小ネタを丁寧に描写していったところが新鮮だったのである。いわば等身大の、そして一人称の透明人間が初めて描き出されたわけである。

わたしも読んでみたが、どうもストーリーがもたつき平板に感じた。いかにも素人の小説で、リアルな筈の悩みもどこか上滑りで、耐えられなくなって途中で放り出した。この本を評価している人は、おそらく小説としてではなく「頓智（とんち）に感心する」的な楽しみ方をしていたのだろう。

これをジョン・カーペンターが一九九二年に映画化した。『透明人間』で、残念なことにヒットには程遠く、製作費は回収出来なかった。しかし決して駄目な作品ではない。ツッコミどころや小ネタを追求していけば、シリアスな話であっても滑稽味を帯びてくる。というわけで、主演はコメディアンのチェビー・チェイスであったし、たとえば透明人間が飲み食いをするとそれが食道から胃へと落ちていくのが透けて見える等を大真面目に描写していたのだった。

放射線を浴びて透明化してしまったので、そのときに着ていた服も同時に透明化していたとか、それなりに芸が細かい。見えない人間になってしまった孤独感をコメディ・タッチで表現するあたりも悪くないし、ハッピーエンドとなるのも意外である。

しかし全体として、どうもチープな印象が拭えない。古い玩具であってもブリキ製ならアンティークとしての値打ちが出るが、ビニールやプラスチックでは古さがそのまま劣化に等しくなってしまう。それを想起させるような、いわばプラスチックの安っぽさと情けなさが漂う映画になってしまっているのである。ジョン・カーペンターも、本心ではいまひとつ情熱を燃やしていない気がする。せめてポスターやＤＶＤのパッケージがもっと「あざとい」ものだったら、好事家を引き寄せただろうに。

驚いたことに二〇二〇年になって、またしてもユニバーサルで『透明人間』が製作された。監督はリー・ワネル。予算もそこそこに組まれ、興行成績も評論家の反応も良好らしい。封切り日に吉祥寺プラザでシニア料金で見てきた。コロナの影響に加えて九時五十分からの初回上映だったので、観客はわたしを含めて四人であった。

サイコサスペンス寄りにストーリーを作っているのが現代ふうだ。主人公以外が透明人間の存在を信じない（だから主人公は精神を病んでいると誤解されて窮地に立たされる）といった構図も新味がある。なるほど良く出来ているが、残念ながらわたしが愛する映画ではない。なぜならここに登場する透明人間は、もはや蠅男や半魚人や吸血鬼、狼男やフランケンシュタイン、メタルナミュータントやスパイダーヘッドなどの仲間、つまりモンスターではないからだ。

この最新版透明人間は、科学的に実現可能な透明化スーツを着込んだサイコパスでしかない。サイコパスも精神的なモンスターだと主張する向きもあろうけれど、それはもっと別なジャンルの映画での話である。二〇二〇年版の透明人間は、意地の悪いストーカーと大差がない。鬱陶しいだけだ。

この世から疎外された存在

ここで怪物（モンスター）について、あらためて検討しておきたい。いったい怪物とはどのようなものを指すのだろうか。

答えは簡単だ。分類不能な生物のことである。

蠅男（こちらは二十世紀フォックス）の頭部と左手は蠅のそれである。ただしサイズが昆虫としては大き過ぎる。胴体と右手および両足は人間のものである。ただし頭部を欠いた人間は屍体と見なされる。というわけで蠅男は生物学的に分類が出来ない。ならば新種ということになるかもしれないが、昆虫と人間が合体した存在など発生学の観点からはあり得ない。それはもはや神の冗談でしかない。フランケンシュタイン（ユニバーサル映画）は屍体を縫い合わせたものであり、そんなものは生き物ではない。だがフランケンシュタインは歩き回り怪力を発揮する。これはモノに分類されるのか、あるいは生物の範疇（はんちゅう）なのか。

そんな具合に怪物は学問的にも常識的にも「どこにも」分類し得ない。にもかかわらず、怪物には既存の生き物を連想させる部分がある。連想はさせても、生物学上の系統樹で辿ることは出来ない。その断絶具合も気味が悪い。生き物はそれぞれ長い進化の過程を経てきたという意味において、何らかの必然性を感じさせる。この世界にはいかにも不気味であったりグロテスクな姿の生き物はいくらでもいるけれど、そのような姿や習性を持つに至った歴史をわたしたちは受け入れることが可能だ。でもモンスターにはそのような姿かたちにならざるを得ない経緯も成り行きも見て取れない。自然ではないのだ。だからわたしたちは不快感を覚える。

確かに、怪物たちは自然さに欠ける。当然だろう。彼らはマッドサイエンティストによって（しばしば事故や失敗によって）無理矢理作り出されたり、異様な環境が作用して誕生したきわめて例外的な存在であったり、地球外の惑星の法則から生み出されたものたちだ。常識的には、あり得ない筈の生き物なのである。

分類不能とは、すなわちこの世の中から疎外された存在ということである。存在するだけで秩序を乱す。人々を不安に陥れる。怪物たちもそうした事実をどこかで直感しているだろう。孤独感と違和感とで、彼らは決して落ち着くことが出来ない。

ことに鬱々としているときに、わたしにとってモンスターたちが登場する映画は慰めとなる。それは彼らの立場にどこか共感を覚えるからであり、モンスターたちが凶暴であればあるほど、人々を脅かせば脅かすほど、自分自身の戯画を眺めるような気分になるからである。まことに単純であり、同時に馬鹿げた心理である。しかし単純で馬鹿げているからこそ、それは自嘲という営みに通底する。そしてこのようなくだらない作品を大真面目に作った人たちがいるというだけで、何か同志を見出したような安堵感を覚えるのだ。

ところで透明人間は本当に怪物なのだろうか。透明であるのは「状態」に過ぎない。もともと爪は半透明であり、水晶体は透明だ。頭部と左手が蠅であるのは明らかに怪物だが、透明人間は怪物の度合いにおいて遙かにノーマルではあるまいか。

ましてや透明人間がもとに戻れず（可視化されず）、孤独に苦悩している姿はむしろ病人に近い。『アンシーン　見えざる者』のボブと娘のように。もっと同情されてもいい気もする。

が、そのいっぽう、この世界には透明な生き物というジャンルがある。クラゲ、オオグチボヤ、ナンキョクオキアミ、ケイヴ・クレイフィッシュ、グラスフロッグ、ダイオウホタルイカモドキ、ニザダイ、サルパ、コオリウオ、スカシダコ、タルマワシなど数多くの透明生物が地球には棲息している。むしろそのような不思議な生き物と人間とを掛け合わせたイメージとして透明人間を捉えることも可能だろう。そうした捉え方からすれば、透明人間は立派な怪物である。しかも顔に包帯をぐるぐる巻き、サングラスにボルサリーノ、そして手袋といった「決め」のスタイルもある。換言するなら、一目で透明人間と分かるポスターやフィギュアが作れるし、それは実際に存在している。やはり透明人間は、愛すべき銀幕のモンスターたちの仲間なのだ。

透明化スーツを着た二〇二〇年版の「透明人間もどき」とは、キャラクターとしての風格が天と地ほどにも異なるのである。

第七章

埋められる

第七章　埋められる

柩の中の目覚め

子どもの頃は、しょっちゅう脳貧血になって周囲を慌てさせていた。前触れらしき嫌な予感がざわついているうちに、急に気持ちが悪くなり、意識がみるみる遠のいていく。視界が映画のフェードアウトと同じになって、闇に呑み込まれる。その場で卒倒する。まさに失神である。気を失っているあいだに夢を見たりすることは一切ない。深海さながらに重苦しく真っ黒な世界を脳が経験する――そんなふうにしか表現のしようがない出来事だ。

小学生のときには、しばしば朝礼で倒れた。校長の話がやたらと長くて、立ったままじっと聴いているのが苦痛になってくる。少しずつ不安が胸に広がってくる。いい加減にしてくれないと、こっちは立ち続けている自信がないんだよ、頼むからそろそろその退屈な話を終えてよ。そんなふうに念じても、話は一向に終わる気配がない。やがて唐突に、吐き気に近い気分の悪さと、下りの高速エレベーターに乗ったような違和感に襲われる。そして次の瞬間は闇だ。

水の底から浮かび上がるようにして意識を回復すると、大概は保健室の簡易ベッドに寝かされている。服の上から薄い毛布が掛けられている。部屋には誰もいない。教室のざわめきが、廊下の向こうから微かに聞こえてくる。空気がいやに透明に思える。そして時間が飛躍している。時計を眺めると、おそらく十五分くらい気絶していたのだろう。その十五分間を体験した手ごたえがまったくない。フェードインで朝礼の場面から保健室につながったような感じだ。

わたしを、周囲のクラスメイトたち数名が、ちょっと嬉しげに運んでくれたことはあとで教えられる。目は閉じていたものの口が半開きで、まるで死体みたいだったと彼らは言う。本物の死体なんか見たことがないくせに。


中学生になると、人前で倒れることはなくなった。一時は癲癇（てんかん）でもあるのではないかと脳波の検査を受けたが、異常はなかった。成長に伴うある種の神経学的アンバランスがもたらした症状らしい。

人前では倒れなくなったものの、中学生時代にはやたらと入浴で「のぼせ」やすくなった。ちょっと長めに風呂に入ると、朝礼で倒れたときに似た「あの状態」が再現される。ただし闇に突入する一歩手前の状態が五分くらいだらだらと持続するだけだ。意識消失には至らず、ひたすら気分が悪く眩暈がする。にもかかわらず、この気分の悪さが病みつきになる。気分が悪いのが気持イイ、といった倒錯した状態になってしまうのである。

わざと長湯をするようになった。気分が悪くなり、立っていられなくなる予兆を堪能しつつ、風呂から上がって身体を拭き、あとは下着を着けて自室のベッドによろよろ辿り着くまでの時間を想定しつつ行動をする。ベッドにうつ伏せで倒れ込んだ時点において、嘔吐寸前だけれど吐くこともないし、気を失いそうだが失神もしない。宙ぶらりんの虚脱状態が淡々と続く。生理的な危機感と、自分の部屋の自分のベッドに倒れているという安心感との相克が、いくぶんスリルにも似た楽しさをもたらす。もしかするとジャンキーたちはこれに似た感覚に魂を奪われているのではないか。

長湯による失神寸前状態を味わっているうちに、性に目覚めた。あとになって考えてみれば、すべては二次性徴発現に伴う性的な快楽の前段階として心身が微調整を重ねていたその産物であったような気がする。そうなると、性的なものと死との近接性についても実体験として納得がいくというものだ。

常に何か不安の種を探し求めずにはいられない傾向のある当方としては、西欧のように土葬が主体の国に生まれていたら、かなりの高確率で埋葬恐怖 taphephobia に囚われていた筈だ。なにしろ意識を失うことは仮死状態に類似している。うっかり朝礼で倒れると、何かの間違いで勝手に死亡宣告をされて埋葬されかねない。保健室の簡易ベッドではなく、地中の柩（ひつぎ）の中で目を覚ましたらどれほどの恐怖と絶望が待ち受けていることか。

以前、ある女性の編集者から聞いた話をここに披露する。彼女はフランスで墓地を訪れた。作家だか俳優の墓を見たかったらしい。そのとき、墓地にはうっすらと異臭が漂っていた。最初は気が付かなかったが、もしかしたらこれは腐臭ではないかと思い当たった。おそらく、まだ埋葬して間もない死体があるからではないのか。それが腐り、地面の下から見えない触手のように臭いとして染み出している。そんなふうに想像した途端、墓地がとんでもなく生々しい場所に感じられて顔面蒼白になった、と。

そりゃそうだろうなと頷かずにはいられない。

生死の境界線

わたしが埋葬恐怖に打ちのめされたのは小学校高学年のときで、テレビで観たヒッチコック劇場の一エピソードによってである。モノクロバージョンの三十分枠だったと記憶している。舞台は刑務所で、主人公である若い犯罪者は脱走を企てている。しかし警備が万全で逃げ出す手立てがない。

刑務所には終身刑を受け、もはや老人となっている模範囚がいる。この老人と若い犯罪者は仲良くなる。あるとき、服役中の囚人が死ぬと、遺体は刑務所の裏にある墓に埋葬されることを知る。しかも穴を掘って埋める仕事はその老人に委ねられている。もはや逃走する気も失せている老模範囚は、事実上、刑務所の近辺なら外出すら許されていたのであった。

それを知った若い犯罪者は、奇抜な脱走法を思い付く。もし刑務所内で誰かが死んだら、遺体が柩に納められた時点で自分もその柩にそっと潜り込むのだ。死人と肌を合わせてじっとしているのは気味が悪いが仕方がない。間もなく柩は刑務所の外に運び出され、老模範囚が埋葬の仕事を執り行うだろう。とりあえず若者は遺体と一緒に地中に埋められ、でもしばらくしたら老人が戻ってきて掘り出してくれる。こうして若い犯罪者は刑務所から地中の柩を経て自由る。

やがて、本当に囚人の一人が病死した。チャンスが巡ってきたわけである。若者は人目を盗んで素早く柩に身を潜める。自由を取り戻すための魔法の乗り物が、この死体と一緒の柩というわけだ。

柩は刑務所から運び出され、地面に掘られた穴に降ろされる。土を被せられる音を、若者は柩の中から聞く。おぞましいけれども、ここはじっと我慢しなければならない。数時間のうちには、老人が引き返してきてこの柩を掘り出し、蓋を開けてくれるだろう。それまでの辛抱だ。だが老模範囚はちっとも穴を掘りに来ない。いったい何をしているんだろう。若い犯罪者はほとんど身動きの取れない真っ暗な柩の中で、いらいらと悪態を吐く。マッチを持っていたので、それで小さな明かりを短時間灯して気晴らしを図るけれども、なおさら柩の狭苦しさや頭上の土の質量を思い知らされるばかりだ。

誰もいない墓地には、陽の光が眩しいくらいに照りつけている。音もしないし、風すら吹いていないようだ。動物や虫など生き物の気配はまったくない。モノクロ画面ゆえに、土の表面の凹凸がいやにくっきりとブラウン管に映し出される。そんな光景と入れ替わるように、次第に焦燥感をつのらせる地中の若者の顔が、ときにマッチの明かりでぼおっと浮かび上がる。この地上と地下とのカットバックの繰り返しが、幼いわたしを息苦しくさせた。思い返せばあれこそが、映像を編集することで生まれる威力を実感した最初の体験ではなかったか。

地中では、いよいよ若者は精神的に耐え難くなっていく。遂には叫び声を上げ、狭苦しい柩の中で身悶えする。するとその拍子に、同居していた遺体の向きがごろりと変わり、若者は死者の顔とわずか数センチの距離で向き合うことになる。そして死者が、よりにもよってあの老いた模範囚だったことを知る。

最悪の成り行き！　もはやスコップを手に若者を助けに現れる者などおらず、彼は誰にも知られないまま老人と一緒に土の中で朽ち果てるだけである――。

小学生にとって、このバッドエンディングはあまりにも衝撃的であった。まだ昭和三十年代のことであり、「皮肉なオチ」というものに対する耐性も身に付いていなかったのである。当然のことながら長い間うなされたし（日本では土葬は行われていないという知識はあったのに、それでもショックは軽くならなかった）、こうして今でも鮮やかに記憶が残っているわけである。

もちろん西欧人においては、なおさら「生きたままの埋葬」は迫真力に富むイメージに違いない。

意外なことに、埋葬恐怖についてはそれが人々の心に棲み着いた時期が特定出来る。一七四〇年のことで、この年にフランスのジャルダン・デュ・ロワの解剖学教授ジャン＝ジャック・ベニーニュ・ウィンスロが『死の徴候の不確かさについて』という論文をラテン語で発表した。もともと著者のウィンスロ自身が、子ども時代と十代の頃の二度にわたって「生きたままの埋葬」をされそうになったことがあった。その論文を読んで大いに感心したパリの医師ジャン＝ジャック・ブリュイエ・ダブレンクールが仏訳を行い、ついでにかなりセンセーショナルなケース（法螺(ホラ)話や噂話を含む）を多数付け加えて出版した。これが評判を呼び、ヨーロッパのあちこちで翻訳され、たちまち埋葬恐怖というイメージが広がったらしい（以上は、ヤン・ボンデソン『陳列棚のフリークス』松田和也訳・青土社、一九九八に基づく）。

なるほどブリュイエ医師の本は火付け役とはなったろうが、でも埋葬恐怖が一気に人口に膾炙(かいしゃ)したのには別な理由もあった筈だ。

そもそも「生きたままの埋葬」の恐ろしさとは、生と死との境界線が意外に曖昧であるといった事実があってこそだろう。かつては生者の魂が神のもとに召されて肉体は死者となるといった単純明快な図式であったのが、啓蒙思想真っ直中の時代において、神の否定という文脈で生死の境目の曖昧さがあからさまになってしまい、それが埋葬恐怖といった形に結実したのではないか。いずれにせよ生者と死者との区別が曖昧になりかねないといった知見は、ホラーを成立させる重要な要素ともなった。フランケンシュタインだとかゾンビなどが好例だろう。埋葬恐怖は、思った以上に奥が深い。

失踪の先に

一九八八年に製作されたジョルジュ・シュルイツァー監督の『ザ・バニシング-消失-』は、かつて（スタンリー・）キューブリック監督が「これまで観たすべての映画の中でもっとも恐ろしい」と述べたこともあってカルト映画の位置づけをされているらしい。この映画には、「生きたままの埋葬」譚のバリエーションといった側面がある。

レックス（若くてハンサムな男性。やや強引な性格）とその恋人であるサスキアが、オランダから南仏へと自動車でバカンスに向かう場面から映画は始まる。七月の光が明るく降り注ぎ、トゥール・ド・フランスのラジオ中継がバカンス気分を盛り上げる。サービスエリアに車を止め、サスキアは買い物をするために建物へ入って行く。たくさんの人たちが出入りをしている。レックスは車の前で彼女が戻ってくるのを待っているが、いつまで経ってもサスキアは姿を現さない。

　おかしい。

　レックスは彼女を探しに建物に入るものの、姿は見当たらない。パニックになったレックスは店員やガソリンスタンドの係員に尋ねて回るが、見知らぬ男と一緒だったのを目撃されたのを最後に忽然と姿を消している。いったい何が起きたのかと、不安と困惑とでレックスは打ちひしがれる。

　サスキアが最後に目撃されたときに一緒だった男は、フランス人で化学の大学教授であるレイモンであった。顎髭を生やし、体格の良い中年男だ。妻と二人の娘がいて、良きパパとして振る舞っている。サスキアとはまったく面識がない。もちろんレックスとも接点などない。

　そんなレイモンは、女性を誘拐する計画を以前から練っていた。紳士然とした物腰で女性に声を掛けて自分の車に乗せ、そこでクロロホルムを嗅がせて気絶させる算段である。なぜそんなことをするのか。営利誘拐でもなければ、性的暴行が目的のようでもない。だが彼は誘拐に取り憑かれている。人里離れた山荘を買い取っているが、それも誘拐計画の一環らしい。

科学者だけあって、彼はストップウォッチを手にクロロホルムの効力を自ら実験したり、女性を車内に誘い込むリハーサルを一人で行ったり、いやに律義に準備を重ねる。そうしたプロセスをカメラは丹念に撮影するが、誘拐の理由は曖昧なままだ（そして最終的にレイモンは、不運なサスキアの誘拐に成功する。ただし誘拐後、彼女に何をしたかは、映画の最後にならなければ明かされない）。

サスキアが失踪してから、三年が経ってしまった。

なんの手掛かりも得られず、彼女の生死すら判然としない。唐突に消え失せてしまったまま、音沙汰はない。残されたレックスは、いまだにあきらめがつかない。常識的には、もはやサスキアが生きている可能性はゼロに近いだろう。いつまでも固執せずに、自分なりに再出発を図ったほうが賢明な筈だ。しかしレックスは彼女のことしか頭にない。私費を投じてサスキアの写真を印刷した大きなポスターを作り、あちこちに貼っている。フランスのテレビに出演し、真相を知りたいと語る。それどころかテレビカメラに向かって誘拐犯へ訴えるのである。もう恨んではいない、起きたことは受け入れるから何があったか教えてくれ、と。

ここで留意すべきは、レックス自身もサスキアが生きていると本気で思ってはいないということである。今では、彼女に何が起きたのか、どのような目に遭ったのかを知りたい、といった具合にニュアンスが変わってしまっている。安否を気遣うのならばそれはサスキアのためだろうが、事実を知りたいと願うのはレックス自身のためだろう。いつしか彼は、好奇心という危険な欲望に囚われてしまっていた。

さて犯人であるレイモンはポスターを目にしていたし、テレビを通じてのレックスの訴えもちゃんと見ていた。テレビは、自宅で娘たちと一緒に見ていたのだ。

ここからストーリーはおかしな方向にねじ曲がっていく。レイモンはレックスに手紙を出し始める。もちろん犯人にしか分からない情報を添えて。カフェなどに誘い出し、そのたびに待ちぼうけをさせる。そして何食わぬ顔で少し離れた場所からレックスを観察する。そして遂に、レイモンはレックスに直接声を掛けるのである。わたしが犯人である、と。当然のことながらレックスは逆上し、レイモンに殴りかかる。攻撃が一段落すると、落ち着いた様子でレイモンは「何があったか知りたいだろ?」と囁きかける。俺を殺したら、あれほど願っていた真相を知ることが出来なくなるぞ、と。さあ、真実を知る唯一のチャンスだと彼はレックスに誘いかける。レイモンは彼のシトロエンに同乗するよう促すのだ。

二人はサスキアが消え失せたサービスエリアに向かう。

ハンドルを握るサイモンは、上機嫌で自分語りをする。彼は自分自身が反社会性パーソナリティー障害であると告白する。事実上のサイコパスである。彼の人生には大きな転機が二回ほどあったらしい。最初は十六歳のときで、二階のバルコニーから下の石畳にふと飛び降りてみたくなった。そんなことをすれば怪我をするのは間違いない。でも、彼は一線を越えること自体に強烈な魅力を感じた。実際に飛び降り、骨折をしたが満足感を覚えた。

次は結婚して子どもを得た後である。一家揃って田舎の川に架かる橋の上で記念撮影をしていた。すると、小さな女の子が川で溺れているのに気が付いた。咄嗟にレイモンは橋から川に飛び込み（十六歳のときにバルコニーから飛び降りた際と同じ姿勢で虚空に身を躍らせた）、首尾良く女の子を救助した（それを見ていた彼の家族は、パパすごい！　と彼を英雄視した）。だが女の子は、命を救ってもらったことに感謝なんかしていなかった。彼女は人形を手にしていたのだが、水難救助の最中に人形をなくしてしまったのだ。そのことのほうが、ショックだったらしい。女の子には、自分の命よりも人形のほうが大切だったのだ。このエピソードによってレイモンは、たとえ世間一般では善とされていることであっても、それが必ずしも本人を喜ばせるとは限らないと悟ったのである。サイコパスであるレイモンはおそらく、それならば本人を傷つけるようなことをしてもそれが当人を喜ばせる場合もあるだろう、といったパラドキシカルな解釈をしたに違いない。

夜になった。シトロエンは走り続けるが、交通警官にストップを命じられる。レイモンがシートベルトをしていなかったからだ。それに対し、自分は閉所恐怖症なのでシートベルトをしていないのだ、ちゃんと医者の診断書もあると彼は抗弁し許される。彼が閉所恐怖症であったことは、後に意味を持ってくる。

遂にあのサービスエリアに到着した。サスキアが姿を消したサービスエリアである。深夜で雨も降り出し、人影はない。するとレイモンは睡眠薬入りのコーヒーを魔法瓶から紙コップに注いでレックスに差し出す。これを飲めば、君はサスキアと同じ体験が出来るぞ、と。（サスキアが）もう死んでるなら、僕も死ぬわけだ、イカれてる、とレックスは拒否する。だがレイモンは動じない。この三年間、君の思考を分析してきた。だから飲まずにはいられないのは分かっている。危険よりも好奇心が優（まさ）っているのが君なのである、と。

まさにその通りだった。逡巡した挙げ句、レックスはコーヒーを飲んでしまう。いや、飲まずにはいられなかった。もはやまっとうな判断力など失われていた。三年間もサスキアのことを案じていたのだから、真相を知る最初で最後の機会を見逃すわけにはいかないのだ。

　フェードアウト、そしてフェードイン。小学生のときのわたしは、朝礼で意識を失うと、目覚めたときには保健室で簡易ベッドに横たえられていたのだった。朝礼の行われていた校庭から保健室へ、さながら本の頁をめくるようにわたしは別の場所に移動していた。いっぽうレックスはどうであったか。

　ろくに身動きの取れない狭く真っ暗な空間に彼は横たえられていた。何だかひどく圧迫感がある。ライターを取り出して周囲を照らし出してみる。するとそこは——柩の中だった。いや粗末な木箱とでもいうべき柩で、地中に埋められている。そう、サスキアは三年前に「生きたままの埋葬」をされたのであり、今、自分もまた同様に生き埋めにされている！　これが真相であり、同時に人生の終点なのだった。大声を上げても、誰の耳にも届かない。誰にも知られないまま、地中の箱の中でレックスは酸欠に悶え苦しみつつひっそりと息絶え、やがて遺体は腐敗し白骨になっていく。

　真相を知ったという意味では彼の願いは叶えられたのである。だが本来なら生ずるであろう満足感を消し去ってしまうほどの恐怖と絶望とが同時に与えられたというところが、まさにバッドエンディングである。レイモンとしては、ほら願った通りになって人生を終えられるなんて最高じゃないか、オレは感謝されてもいいんじゃないか、などと嘯きそうである。映画の最後のシーンは、レイモンとその家族が山荘の庭で楽しく過ごしているシーンであった。光に満ち溢れた幸福な眺めで、けれどもその足元には二体の遺体が埋まっている。そのコントラストが鮮やか過ぎて、心の底からげんなりさせられる。

ところでレイモンは、どうしてサスキア、レックスと「生きたままの埋葬」を二度にわたって行ったのだろう。もちろん残虐な愉しみといった要素は大きかったろうが。

わたしとしては、彼なりの閉所恐怖症克服法だったのではないだろうかと推測する。閉所恐怖症は狭く閉ざされた空間にいるのが耐えられないという心理的な病である。身動きが制限されるような空間、自由に出て行くことが出来ない空間は、ある種の人たちには著しい無力感をもたらす。普段なら強がったり自分を誤魔化せていても、狭い空間がもたらす「どうにもならない」感触が本人を打ちのめすのだ。

それを克服するための方策として、自分が加害者になるといったやり方がある。被害者の立場だから無力感に苛まれる。逆に加害者となれば、それを梃子にして無力感を乗り越えられる。となれば、他人を「生きたままの埋葬」に陥れてしまうのは、心理学における行動療法に相当するだろう。ちなみにPTSDとなった人はトラウマ体験をしばしば思い返してしまう（フラッシュバック）。あれは、なされるがままであったトラウマ体験を今度は自分が主体となって想起することでイニシャティヴを取り戻し、それを通じて無力感を克服しようとする営みなのだ（実際にはそれが上手くいかなくて本人はますます苦しんでしまうが）。

もしかするとサスキアとレックスの二名を生き埋めにすることでレイモンの閉所恐怖症は治癒したかもしれない。でも駄目だったら、山荘の周囲の地中にはさらに「生きたままの埋葬」をされた人物が増えるのだろう。

ロボットと天才の脳

生きたままの埋葬は、柩に入れられ地面の下に閉じ込められるだけとは限らない。ユージン・ローリー監督のC級モノクロSF映画『ニューヨークの怪人』（一九五八）では、別な形で悲惨な状況が立ち上がる。

主人公のジェレミー・スペンサー博士はダ・ヴィンチにも似た多才な天才科学者で、現在は穀物の研究で世界の食糧事情を救うべく研究に勤しんでいる。三十四歳で、美しい妻と幼い息子ビリーがいる。

彼には兄のヘンリー・スペンサー博士がいて、オートメーションやロボット工学の権威だがジェレミーほど聡明ではない。天才には及ばず、せいぜい秀才レベルである。

父はウィリアム・スペンサー博士で、著明な脳外科医である。ジェレミーを誇りにしており、そのためヘンリーとしては弟にいくぶん「わだかまり」がある。ジェレミーとヘンリー、それにウィリアムたちは研究室のある豪邸に同居している。

さてここで一つの悲劇が訪れる。ストックホルムからニューヨークに戻ったジェレミーは、空港で、迎えに来ていた息子が持っていたオモチャの飛行機が風にさらわれたのを目にする。咄嗟にそれを取り戻そうと道路に飛び出す。ちょうどトラックが走ってきて、ジェレミーは交通事故で即死してしまうのだ。

死を確認した父のウィリアム医師は心の動揺を押し隠しつつ、死体となった次男をなぜか自宅へと搬送させる。

ウィリアム医師は、大切な次男の脳を手早く取り出し、ただちに培養液に浸して「脳だけ」を救ったのだった。これで天才の脳が失われることは避けられた、と父は得意顔なのである

（もはやこの時点で、父はマッドサイエンティスト化してしまっている）。だが脳だけでは情報のインプットもアウトプットも不可能である。そこでロボットを制作し、その中枢に脳を据えればジェレミーは生き返ったも同然に違いない。したがって、むしろサイボーグに近いものを父は構想したのだった。

ここで兄のヘンリーである。父は彼にジェレミーの身体、つまり金属製のロボットを作るように命ずる。そこへ培養液中の脳を装着すれば、ジェレミーは再び研究を継続出来る筈だ。

数カ月にわたる努力の末、遂にロボットは完成した。身長は三メートル弱、金属製だが布のマントを身に着けている。顔を含め全体の印象は、どこかロシア構成主義のデザインめいている。頭部にジェレミーの脳が収まり、その脳が意識を取り戻すと目の部分が怪しく光る。視覚と聴覚を持ち、喋ることも出来る。ただし触覚や味覚、嗅覚はない。

いったいこんな状態は、今や脳だけの存在となったジェレミーにとって嬉しいことなのだろうか。鏡に映った自分の姿（つまりロシア構成主義ふうの不気味な巨大ロボット）を目にした彼は絶望する。自分を破壊してくれと父に懇願する。そのときジェレミーは、身体を奪われた挙げ句に、ロボットの内部へ生き埋めにされたかのような心境だったのではないだろうか。まさに生きたままの埋葬と同じだろう。

それでもジェレミーは、お前の研究が世界を救うのだと父に説得され、ロボットの姿で生前の研究を継続する。それは尊い姿の筈だ。だがその間に、兄のヘンリーはジェレミーの妻に恋心を抱き言い寄っていた。さらにロボットの姿のジェレミーに向かって、ここから数ヤード先にお前の墓があるとは皮肉な話だな、と嘲笑する。いつも父から天才と賞賛され贔屓（ひいき）にされていた弟への敵意が、ここで剝き出しになったわけである。

交通事故で亡くなってから（ただしそれは身体の死であり、脳だけはロボットの中で生きているわけだが）一年後、つまりちょうど一周忌の日。ジェレミー、いやロボット＝ニューヨークの怪人は、遂に研究室から外へ歩み出る。それまでは異形の姿となった自分を恥じて、研究室に籠もっていたのである。太陽の光が降り注ぐ庭で、ジェレミーは自分の墓を見詰める。さらには幼い息子のビリーとも出会う。ビリーはこの奇怪なロボットが父の変わり果てた姿であるとは知らない。でも優しい心を持っていることだけは理解する。

ロボットの中に生き埋めにされ続けていることで、ジェレミーの精神には変化が生じてくる。兄に裏切られたと感じたことや、父は自分を人間としてではなく高性能コンピューターに近い存在としてしか認識していないことが判明し、それが精神を追い詰めたに違いない。自分がジェレミーであると妻にも息子にも打ち明けられない状況も同じように彼の内面を痛めつけただろう。彼の脳には怒りと破壊衝動が生まれてくる。自暴自棄になってくる。

憤怒がそのままエネルギーとなったのだろうか。ロボットの目から光線が発射される。その光線は人を殺す。兄のヘンリーも、結局は殺人光線で抹殺されてしまう。研究室の中を滅茶苦茶に破壊し、ロボットは国連本部に出向く。そこには父のウィリアム医師も、妻も息子もいることが分かっている。目立たないようにハドソン川の底を歩いて「ニューヨークの怪人」は国連ビルに乗り込む。そして居合わせた人たちを殺人光線で軒並み倒してしまう。まさに銃の乱射と変わらない。阿鼻叫喚の光景が展開される。

だがジェレミーは完全には狂っていなかった。彼は息子のビリーを抱き寄せ、マントの下、左の脇腹にあるスイッチを操作するように言う。そうすればシステムが停止し、ロボットは動きをストップするし脳は今度こそ完全に「死んでしまう」。ビリーは言われるがままにスイッチを動かし（ジェレミーが自分で行えばよさそうなものだが、おそらく自殺防止の装置が組み込まれているのだろう。わたしの想像だけれど）、ロボットは地響きを立てて倒れる。それを見ながら父（運良く殺人光線を浴びなかった）は改心して言う、「天とジェレミーが私の愚かさを許してくれればいいが」と。何だか妙に取って付けたような急展開で話が終わってしまう。

しかし、最後のシーンは悪くない。倒れたロボットの顔が大写しにされると、目の部分からオイルが洩れ出て、それが涙のように見えるのである。

狙いは悪くないが、詰めが甘くてC級映画に留まってしまった。そんな作品だ。とはいうものの、印象深い場面もあって心に残る。

まず、ロボットの造形がよろしい。金属の身体にマントを羽織っているなんて、普通は考えないのではなかろうか。さらに、ジェレミーが一周忌を迎えた日に自分の墓を訪れる光景も忘れ難い。自身の墓を目にしてこそ、彼は自分がロボットの中へ「生きたままの埋葬」をされているのだと実感したことだろう。しかもそれが明るい昼間の出来事なので、なおさら事態が切なく感じられる。

もうひとつは、息子のビリーに関わる。そもそもジェレミーが交通事故で即死したのは、ビリーが玩具の飛行機を風にさらわれてしまったからだった。因果関係で言うなら、ビリーが父親を殺したも同然である。そして映画の最後で、ロボットと化した父に懇願されてビリーは金属の胴体に据え付けられたスイッチをオフにする。つまり息子は二度も「父親殺し」を重ねている。もしビリーが大きくなってから事態を知ったら、かなりのトラウマが彼には生じるのではないか。わたしとしてはビリーのその後が知りたい(ちなみに、ビリーを演じたのは子役のチャールズ・ハーバート（一九四八〜二〇一五）で、彼は本作と同年に製作された『蠅男の恐怖』でも、蠅男と化した博士の息子を演じている）。

スイッチを切られて床に倒れたロボットは、父であるウィリアム・スペンサー博士が解体することになるのだろうか。そのまま放置しておくと、ジェレミーの脳が腐り、金属製の頭から腐臭が漂い出すに違いない。

身代わりの埋葬

『ニューヨークの怪人』から八年後の一九六六年に、『セコンド／アーサー・ハミルトンからトニー・ウィルソンへの転身』というモノクロ映画が製作された。監督はジョン・フランケンハイマー。一部では高評価のようだが、わたしとしては期待外れであった。完成度はともかく個人的好みとしては、『ニューヨークの怪人』のほうがよほど肩入れをしたくなる。

銀行家のアーサー・ハミルトンは、もうすぐ頭取になれそうな人物である。壮年から老人への境目あたりの年齢として描かれているが、アーサー役のジョン・ランドルフは撮影時に五十一歳であった。設定は六十前後だろう。成功者として順調に人生を歩み、現在は妻と二人住まい。娘は西部で医師と結婚している。

アーサーはおかしな成り行きから、今までの人生を捨て去り、別人――しかも若くてスマートな人物として第二の人生を送るというプランに勧誘される。秘密の組織があって、そこで完璧な整形手術を受ける。新しい人生を保証する書類や贋の経歴も完璧に準備され、アフターケアも怠らないという。然るべき死体が用意されており、ホテル火災でアーサーは焼死したということで転身を図るという。もちろん高額な料金を払わねばならないが、彼ならば可能である。

銀行家としての成功した人生に何の不満があるのか。漠然とした空虚感や不全感はある。本当は画家になりたかったという夢もある。だがすべてが都合良く叶えられる人生なんてない。そんなふうに納得していたものの、やはり別人となり、しかも若返って別な人生を歩む魅力には抗えない。第二の人生では、望み通りに画家として生きていける。しかも、無名の貧乏画家ではない。そこそこ名を知られ、転身後のアーサーによって画風が異なってしまおうとも、もはや必然的な作風の変化と見なされ看過してもらえるだけの画壇的地位を、既に組織が用意してくれているのである。

アーサーは決意する。整形手術を受け、筋力トレーニングに励み、彼は若くハンサムな画家トニー・ウィルソン（演ずるのはロック・ハドソン。撮影時の年齢は四十一歳だが、設定としてはもう少し若いだろう）へと生まれ変わる。銀行家アーサーが火事で死亡したと報じられた新聞を日にして、アーサー＝トニーは複雑な表情を浮かべる。もはや過去とは永遠に訣別したのである。

西海岸のサンタバーバラで、トニーは暮らし始める。若くてハンサムだから、飛行機ではCAに色目を使われた程だ。でも彼はいまひとつ有頂天になれない。新しい姿に馴染めず、楽しく過ごそうと周囲と触れあっても心は完全に解放されない。この辺りの描写が浅いうえに「もたついて」おり、ストーリーをぼやけさせてしまっているのだ。せっかくイケメンに若返ったら、もっと喜び、破目を外さなければかえって不自然ではないか。

近隣の人たちを集めてトニーはパーティーを開く。こうして第二の人生に適応していこうと頑張ったのだ。ところが泥酔した挙げ句に、彼は以前の名前、アーサー・ハミルトンを口にしてしまう。すると数名の男たちに脅される。彼らも、第二の人生を送っている人々であり、またせっかくガールフレンドになったと信じていた女性は組織の一員だと判明したのだ。つまり適応が不十分なトニーは、監視対象になっていたのである。

こうしてトニーは第二の人生に疑問を持ち始めてしまう。そしてまずい行動をしてしまう。

すなわち、自分は昨年アーサーと知り合いになった画家だと偽って、かつての自宅へ赴き妻と再会してしまうのだ。もちろん自分が姿を変え若返ったアーサーであるとは告げない。自分の書斎であった部屋は、今では模様替えをされて居間になっている。アマチュア画家として描いてきた水彩画はすべて廃棄されていた。妻には、もはや亡夫への未練はなさそうだった。彼女に生前のアーサーの印象を尋ねると、彼には生きる意欲が失われていたかのように見えたと教えられる。トニーは深く傷つき、今の自分には居場所などどこにもないと感じる。アーサーに戻るわけにもいかないし、これ以上トニーとして生きて行くのも苦痛だ。

この時点で、アーサーはトニーという若くハンサムな肉体の中に自分が「生きたままの埋葬」をされているように感じたに違いない。本来の自分は、およそ自分らしからぬ姿の奥に埋もれてしまい、喜びや高揚や充実感などとは隔てられてしまっている。もどかしさと違和感ばかりが自分を圧迫してくる、と。

アーサーは組織に、いまいちど別な人生を与えてくれと要求する。残念なことに、第二の人生には適応出来なかったわけだ。しかし組織は、とうに彼を見離している。次の人生なんか、もうない。最終的に、彼は騙されて組織に殺される。別な人物が第二の人生をスタートする際、アリバイ用の死体として使われるために。

結局のところ、アーサーはトニーの中に埋め込まれたうえに、さらに誰かの身代わりとして埋葬されることになった。二重の柩に閉じ込められて生を終えたようなものだ。息苦しい話である。

第八章
ルシンダ水脈から銭湯へ

第八章　ルシンダ水脈から銭湯へ

プールとテニスコート

第一章でも述べたように、わたしは仕事を辞めて家にほぼ引きこもり状態だった時期がある。それは人生におけるやや長い休暇といった性質のものであったろうか。いや、休暇は次の予定があってこその休暇だ。あれは人生の中断であった。ひたすら虚ろで、倦怠感のみに支配されていた。場末の安ホテルの窓から毒々しいネオンサインの明滅が見えるように、薄暗い居間に置かれたモニターに馬鹿げた姿の怪物や宇宙人、連続殺人鬼や不幸な犠牲者たちが入れ替わり立ち替わり登場してくるのをぼんやりと眺めているばかりの日々だったような気がする。

あの無気力な日々は、惨めではあったがやはり自分には必要な時間だったのかもしれない。恐怖や絶望、不快やおぞましさといったものを、映画を通してさまざまなバリエーションで濃厚に体験出来たのは僥倖（ぎょうこう）だったのだろう。心の養分なんて前向きなものではなかったかもしれないが。

自分の死というものを想像してみる。死は予定調和とか大団円といった形では訪れまい。たとえ徐々に衰弱していったとしても、結局は強制的な「中断」に近い形で人生は終わるのではないのか。ならば死後はあの虚ろで倦怠感に塗りつぶされた日々の再開という案配になり、ということは、馬鹿げた姿のモンスターやエイリアン、狂った殺人鬼や運の悪い犠牲者たちと永遠に戯れ続ける定めになるのだろうか。そんな考えは、うんざりするようにも思えるし、慰めになるようにも思える。もちろんわたしが死んだ後の現実を生きる人々には、そのような事情は知る由もあるまい。

フランク・ペリー監督の『泳ぐひと』（一九六八）は恐ろしい映画だ。怪物も宇宙人も殺人鬼も出てこないけれど、恐ろしさはその比でない。主演はバート・ランカスター。全篇、筋肉隆々の水着姿で終始する。DVDのパッケージ写真は、さながら恋愛映画であるかのように錯覚させる。日本版のポスターには、コピーだかポエムだか判然としない間抜けな文章が添えられている。

空が青いから　私はかなしい
シルバーブルーのさざ波に
甘い香りの木もれ陽に
ふたたび帰らぬ
若き日のしあわせ

ますます、甘っちょろい恋愛映画を予想させるではないか。

先日、原作を読んだ。アメリカの作家ジョン・チーヴァーが一九六四年『ニューヨーカー』誌に発表した短篇小説で、タイトルは映画と同じだ。ただし表記が「泳ぐ人」、と〈ひと↓人〉になっているが。雑誌『MONKEY』の二〇一八夏／秋号に村上春樹訳で掲載されている（その後、『巨大なラジオ／泳ぐ人』新潮社、二〇一八として単行本化）。
この作品を支えるアイディアは、まことに単純である。アメリカ東海岸の郊外に点在する中産階級の人々の瀟洒（しょうしゃ）な家にはどれも庭にプールがあるという事実に立脚している。晴れた夏の日曜の午後、主人公であるネッドは、友人のウェスタヘイジー家のプールサイドで奇妙なことを思いつく。原作から二カ所を引用してみよう。

……彼の頭にふとある考えが浮かんだ。ここから南西に向けてジグザグに進んでいけば、泳ぎながら家に帰れるのではないか。

（中略）彼は地図制作者の目をもって、その水泳プールの連なりをありありと目にすることができるようだった。それは曲がりくねって土地を横切っていく疑似地下水脈のごときものだ。彼のなしたその発見は、現代の地理学への多大な貢献となるであろう。奥さんの名前をとって、「ルシンダ水脈」と名付けることにしよう。

……それは上天気の一日であり、かくも潤沢に水を供給された世界に自分が住んでいることは、ひとつの慈悲であり、恩恵であるように思えた。胸が高鳴り、彼は芝生の上を駆けた。非凡な道筋で帰宅することは彼を、巡礼者や探検家や、あるいは運命を担った人になったような気持ちにさせた。また行く先々で自分が友人たちを見いだすであろうことが、彼にはわかっていた。友人たちはルシンダ川の畔に列をなすだろう。

つまりウェスタヘイジー家から自宅まで、その途上にあるすべての家々のプールを次々に泳ぎ渡る。プールは想像上の「ルシンダ水脈」が地表にひょっこりと現れ出たものであり、ネッドはその水脈に沿って「泳いで帰宅する」ことになる。

これはちょっとした発見であり頓智（とんち）だ。このようなものがあってこそ、作品としての形が保たれる。ときにはモンスターさえ登場させればそれが（自動的に）映画の凝縮力になると思っている制作者もいるようだが、そうした観客をナメた態度は必ず失敗につながる。スターやアイドルが出演すれば脊髄反射レベルで観客が喜ぶだろうと考えるのと同じだ。

さて映画の『泳ぐひと』は、かなり忠実に原作をなぞっている。それどころか、付け足されたエピソードが結構あることに驚かされた。

鍛えた肉体と魅力的な笑顔を持ったネッド（若々しくはあるが、年齢は既に中年の終わりである。撮影時、バート・ランカスターは五十三歳であった）は、数珠をたぐるかのように郊外の家々を順番に訪ねて行く。プールサイドで知人たちは日光浴をしたりパーティーを催しており、訪問するたびに人気者として迎え入れられる。愛想を振りまいてから彼はプールに飛び込み、泳ぎ切るとまた次の家を目指して歩き去る。郊外の家々は広い敷地に建てられているが塀はないので、自由にプールに入って行ける。

当初は歓迎されていたネッドであった。誰もに憧れられる成功者然としていた。彼と知り合いであること自体が自慢になるような、そんなオーラを漂わせていた。だが会話にはどこか微妙な違和感が含まれていることに観客は気づくだろう。ネッドは今まで長期間不在であったらしいが、そのあたりについては皆、奥歯に物が挟まったような曖昧な言い方しかしない。ネッドの言うことと知人の言うことのあいだにしばしば齟齬が生じ、しかしそれをどちらも追及しようとはしない。なぜか彼を非難がましく睨みつける人物もいたし、高価な濾過装置を備えたプールを自慢する夫人は、その装置に事寄せて、やんわりとネッドに敵意を仄めかす。もはやあなたはこの地域において、濾過されるべき不純物でしかない、と。

ある家ではプールで二十歳の娘が遊んでいた。彼女は昔、ネッドの家でベビーシッターのアルバイトをしていたという。そんな彼女がすっかり成長して、今やチアガール姿が似合いそうな娘盛りである。意気投合したネッドと彼女は、ルシンダ水脈の遡行を共にする（ポスターはこのときの二人をメインに据えて、あたかも恋愛映画のように仕立てている）。ベビーシッターだった頃、彼女はネッドを讃仰していたという。素敵な大人、逞しい大人として心酔していた、と。そんな甘美な思い出話を語られるうちに、いつしかネッドは彼女との距離の取り方を誤る。説教がましい保護者気取りになり、それどころか一線を越えかねない態度に出てしまう（なにしろ二人とも水着姿なのだ）。娘はたちまち表情を強ばらせ、警戒心を露わにし、一目散に逃げて去ってしまう。ネッドは変態爺と見なされてしまったのだ。それでも彼はすぐに気を取り直し（あまりにも気を取り直すのが早いので、彼は少々異常ではないかと思えてしまう！）、次のプールに向かう。

守銭奴めいた老カップル（彼らはヌーディストで、プールサイドにて一糸まとわぬ姿で老醜を曝している。ダイアン・アーバスが写真に撮りたがりそうなグロテスクさだ）は、ネッドが既に一文無しであるらしいことを彼らの言動によって観客に悟らせる。だが、ネッドは自分が文無しとは思っていないらしい。老カップルが彼をもはや落伍者としか見なしていない態度で接しても、空気を読めない。ネッドのプール巡りには、加速度的に不協和音が混ざり込んでいくのだ。

次のプールは、水がなかった。

その家の少年は泳げない。危険だからとプールから水がすっかり抜かれている。そんなヒステリックな配慮をするくせに両親はどちらも不倫に夢中で不在である。ひとり寂しく取り残された少年に同情したネッドは、空っぽのプールに入り、泳ぎ方を教える。少年と一緒に、まるで水があるかのように手を動かして横断する。心温まるシーンであると同時に、あまりにも虚ろで非現実的でもある。この「泳いだふり」の場面はなかなか秀逸で、映画版で新しく加えられたエピソードである。

まだまだプール巡りは続く。だが――。晴れた夏の日曜の午後だった筈なのに、ネッドは次第に寒さを覚えるようになっていた。裸でいるのがちょっと辛い。ふと周囲を見回すと、木々の葉や草花はいつしか秋の気配を漂わせているではないか。まだ半日も経っていないのに。プールの脇で出会う知人たちの様子が次第によそよそしく、素っ気なくなっていくのと軌を一にしたかのように、空気は冷え冷えとしていく。

次のプールではまたパーティーが催されている。ネッドが歩を進めていくと、お前に招待状を出した覚えはないといった敵意に満ちた扱いをされる。使用人すらが、彼を見下している。ちょっとしたトラブルが生じ、突き飛ばされたネッドは尻餅をつく。ターザンのような体つきをした彼が、プールサイドで惨めな負け犬となった。

さらに次のプールは、ネッドのかつての不倫相手の女性の家の庭にあった。美人であった筈の彼女も、もはや容色に衰えが生じ、気持ちも荒んでいるように見える。プールサイドのチェアに座っていた彼女は、ネッドを恨み非難する。彼は（広告写真さながらの）輝くような笑顔さえ浮かべれば簡単に縒りを戻せるつもりでいたが、それは呆気なく失敗してしまう。

プール巡りの最後は、公営プールである。ここを泳ぎ抜けなければ家には辿り着けない。今までのゴージャスな個人プールとは異なり、大衆のための混み合ったプールだ。しかも裸足で海水パンツだけのネッドは、わずか五十セントの入場料すら持ち合わせていない。家に帰ったら金を持ってくるからと頼み込んでも、すげなく拒否される（地域の名士であり有名人であったなら、そんな拒否はされない筈だ）。居合わせた他人に頼み込んで、恵んでもらうように入場料を払ってもらったが、今度は足が汚いだのシャワーを浴びろだの、係員に屈辱的な扱いを受ける。かつて自邸に買い物を届けさせていた商店の連中に出くわすと、面と向かって罵倒される。彼らにツケを払っていなかったようだ。貧しく無教養な「庶民」でごった返すプールを必死で泳ぎ渡り、やっとネッドは家に帰り着く。もはやプライドはずたずたにされ、身体は衰弱し、身も心も冷え切っている。

寒さに震えながら自宅の門を開けようとすると、なぜか封鎖されている。鉄の門は錆びて傾き、そこで無理に押し開けて敷地内に足を踏み入れると、邸宅は放置されたまま朽ちかけているではないか。手入れのされていない庭はすっかり荒れ果て、テニスコートも無残な状態になっている。空には雲が厚く被さって周囲は暗くなり、気温もどんどん下降している。わずか半日のあいだに何年もの時間が過ぎ去り、その半ばに一家が破産し逃げ出したとしか思えないのが不気味きわまりない。

ここで意外なのは、ネッドの家にはプールがないことだろう。テニスコートはあるのに。すなわちそれは、「ルシンダ水脈」が自宅につながっていないこと意味する。もしかするとスイートホームとしてのネッドの家庭なんか、最初から幻想に過ぎなかったのではないか。

遂に強い風が吹き始め、冷たい雨が降り出す。雨は勢いを強め、水着姿のネッドはもはや巣を失った小動物のようにおろおろするばかりだ。重い扉を叩いても、何の反応もない。窓ガラスの破れた穴からレンズが侵入して邸宅の内部を映し出すが、空っぽで家具すらない。もちろん人の気配などない。寒さと雨に追い詰められたネッドは何とか家の中に逃げ込みたいとドアを叩き続け、煩悶する。扉に身を寄せたままドア・ノブに手を掛けているネッドの姿が、まるで円盤投げをしようとポーズを決めているギリシャ時代のオリンピック選手みたいに見えてしまうのが滑稽でもあり哀れでもある。最後にストップモーションになって映画は終わる。

主観としての現実、客観としての現実

終盤に関しては、原作のほうが異様な迫力を備えている。原作では、雨や風でネッドを苦しめるのではなく、もと愛人の家のプールを出たところでいきなり夜が訪れてしまうのである。

……暗い芝生の庭に出ると、菊だかマリーゴールドだかの香りが鼻に届いた。しつこい秋の香りだ。夜の大気の中で、ガスのにおいのようにつんとしている。頭上を見上げると、そこには星が見えた。しかしどうしてアンドロメダ座だの、ケフェウス座だの、カシオペア座だのが見えたりするのだろう？　真夏の星座はいったいどこに行ってしまったのだ？　彼は泣き出した。

大人になって以来、泣いたのはたぶん初めてのことだ。これほど惨めな気分になり、冷えて、疲れて、困惑したのも初めてだった。出向のバーテンダーの無礼さも理解できなかったし、かつての愛人の無礼さも理解できなかった。彼女は這うように彼にすがって、彼のズボンを涙でぐしょぐしょに濡らせたというのに。おそらく長く泳ぎすぎたのだ。長

く水に浸かりすぎたのだ。

星座がどうしたといった具合に、いきなり宇宙規模の記述が登場するところが原作の怖さである。映画のほうが話が整理されイメージも摑みやすいけれど、不意打ちのように読者の心を鷲摑みにする機能においては、小説のほうが自由度が高そうだ。

映画の終わりをストップモーションにするのも、いろいろと考えさせられる。フェードアウトさせて無音かつ真っ黒な画面を数秒挟んだほうが観客に嫌な気分を与えられそうだし、廃屋を思い切り高い位置から俯瞰(ふかん)する光景で終わらせることだって出来るだろう。同じストップモーションでも、画面がみるみるセピア色に変わっていく『明日に向って撃て』(一九六九)の最後には「座布団一枚!」と言いたくなったが、『泳ぐひと』の場合、ただのストップモーションが適切だったかどうか。でも少しばかり安っぽく手抜きにも見えてしまうスタイルをあえて採用することで、ネッドの虚ろな人生に相応しいエンディングとなっているとも思えるのである。

ところで——この奇妙な映画は、結局どういった話であったのだろう。

ネッドは、確かに一時期は成功者として、アメリカンドリームの体現者として輝いていた。テニスコートのある豪邸で満ち足りた生活を送っていた。何か羽振りの良い事業の経営者か重役クラスだったに違いない。だがある日、事業は破綻した。ネッドは財産を失い、屋敷は売りに出されたがそんな縁起の悪い建物に買い手はつかなかった。不義理を重ねて逃げ出したネッド一家は、おそらく崩壊している（いや、登場人物たちの台詞から推測すると、破産する前から一家は事実上崩壊していたようだ）。

ネッドは精神を病んでしまったのかもしれない。あるいは、過酷な現実を認めまいとして、過去に生きるようになってしまったのか。頭の片隅では事実を認識しているものの、それには目をつぶっている。

自分が都合良く信じている〈主観としての現実〉を確認したくなって、ネッドは突然ウェスタヘイジー家のプールサイドへ出現したのではないだろうか。海水パンツだけの裸であるならば、その姿から貧困に転落した事実など分からないのが理屈だ。いやそれどころか、無駄のない肉体美はかつての日々を蘇らせる呪文でもある。

プール巡りの当初は、〈主観としての現実〉と〈客観としての現実〉とに殆ど齟齬はなかった。しかし次第に無残な現実が立ち上がってくる。ネッドの目の前に広がる風景も、主観と客観とが整理されないまま、どこかちぐはぐな様相を呈してくる。いくつものプールを泳ぎ渡っているうちに、とうとう〈客観としての現実〉が彼を圧倒してしまう。それは彼にとって、不条理そのものと映ったであろう。荒廃した（かつての）自宅に辿り着いてもなお、ネッドは主観に固執して混乱を続ける。勝ち組としての日々を意味する筈であった彼の引き締まった裸体は、今や「無一物かつ無力」とイコールな「身ぐるみ剝がされた挙げ句の裸体」へと変わり果ててしまった。

作家や監督は確信犯的に主観と客観とを同一面に並列することによって、景色までをもキマイラのような異常なものにしてしまった。でもそれぞれの要素は、決して嘘でも出鱈目でもない。いや、だからこそ不気味である。結果としてこの映画は、ホラーの味わいを獲得するに至った。

そして引きこもっていたわたしにとって、『泳ぐひと』は胃潰瘍の鈍痛さながらの精神的苦痛として作用した。いやーな気分にさせられた。

べつに当方は成功者になって輝いたこともないし、豪邸を構えた経験もない。鍛え上げた肉体と笑顔で人々を惹き付けたことだってない。ネッドには程遠い。だが、ふと気づくと、わたしは下り坂にいた。え？　頂点を極めたこともないし、勝利や栄誉の実感を味わったこともない。努力を前提としてゆるやかな上り坂にいたつもりが、いつの間にか急な下り坂を転げ落ちている気がする。おかしいじゃないか。なぜこんな状況に、こんな惨めな気分に陥っているのか。なぜわたしは「泳ぐひと」に、共感に近い感情を覚えなければならないのか。

その疑問の根底には、自分が現実を大きく見誤っている可能性を排除しきれないという事実が横たわっている。自分で思っている以上に、わたしは現実を脳内補正して捉えているのではないか。どうせなら補正したままそれを信じ続けていればいいのに、猜疑心の強い当方は、つい自分にツッコミを入れてしまう。気分的には、招待されていないプールサイドのパーティーへ登場したネッドに近い状態にある。やがて冷たい雨が降り出すか、さもなければ頭上に冬の星座が見えることになるのか。

ルシンダ水脈からわたしの心の中へ、絶望感が流れ込んでいる。

ロバート・アルドリッチ監督の『何がジェーンに起ったか？』（一九六二）もまた、恐ろしい映画である。製作された翌年に本邦で公開されたが、その年にはヒッチコックの『鳥』やブールギニョンの『シベールの日曜日』、黒澤明の『天国と地獄』なども公開されている。わたしは中学一年生で、『何がジェーンに起ったか?』というタイトルそのものに何やら禍々（まがまが）しいものを感じていたが、実際に映画館に足を運んで鑑賞してみようといった発想には至らなかったのが今になってみると不思議である。入場させてもらえないと思ったのかもしれない。というのは、原作がハヤカワ・ミステリで出ていて、それを杉並区立図書館の分室で借りようとしたら中年男性の司書に「子どもが読むものじゃない」と断られたからだ。ならば図書館内で読んでしまえば良いわけだけれど、そこで諦めてしまうあたりが当方の詰めの甘さというか何をやっても二流以下にしかならない理由のような気がする。

結局、きちんと映画を観たのはDVD化されてからである。それで正解であった。もし中学生の頃に観たとしても、この映画の底意地の悪さは十分には理解出来なかったに違いない。人生に対して取り返しのつかない気分を実感するような年齢に差し掛からないと、いやーな気分をマゾヒスティックに楽しむなんて無理である。

この映画には、「あのとき、本当は何が起こったか」という謎解きの側面、世間から隔絶した屋敷内での老姉妹（もと子役スターのジェーンと、名優と謳（うた）われた遅咲きの女優ブランチ）の憎悪に満ちた室内劇という側面、精神が崩壊していき殺人すら行ってしまうジェーンのグロテスクな姿という三つの側面が巧みに縒（よ）り合わされている。ここではジェーンの狂気（退行と解離と捉えたほうが正確だろうが）について言及したい。

かつてベイビー・ジェーンの芸名で大人気を博した子役が、ジェーン・ハドソンである。こまっしゃくれたガキで、歌や踊りは所詮子どもだから可愛く見えただけで、才能よりは小賢しさゆえの人気であった。性格も悪く、自分が稼いだ金で一家を養っているなどと平気で口走る。そんな子役は、大人になると大根役者ぶりのみが目立ってしまう。いっぽう姉のブランチ・ハドソンは、大人になると俳優としての才能を開花させ、妹とは立場が逆転する。もはやジェーンは忘れられた存在、ブランチは旬の女優でありスターである。

しかしブランチは自動車事故に遭って下半身が麻痺し、車椅子の身となり芸能界を引退する。この事故は、実は嫉妬に狂ったジェーンがブランチを轢き殺そうとした挙げ句の悲劇だったとされているが真相は最後に明かされる。

屋敷の二階に、車椅子のブランチは閉じ込められている。エレベーターがないから、自力では外に出られない。そしてそんな姉を、ジェーンはいじめ抜く。自分の人気が子役のままで終わってしまったことや、姉が女優として高く評価されたことを逆恨みし、サディスティックかつ陰湿な手段でブランチを苦しめることにジェーンは喜びを見出している。事故で姉の下半身を不随にしてしまった罪悪感もまた、自己弁護のための憎しみと化してジェーンの逆恨みを正当化させている。今や老婆になり果てているのに気分はいまだに子役のベイビー・ジェーンで、白塗りの顔に毒々しい口紅、コケティッシュな身振りなどがもはや怪物レベルである。アルコールに溺れ、姉のみならず世の中を憎悪している。

破局は、ジェーンが芸能界へ返り咲こうなどととんでもなく現実離れしたことを思い付いたことに端を発する。今でも自分の歌や踊りの才能は衰えていないし、可愛さも変わらないとジェーンは錯覚している。新聞広告を出して、仕事にあぶれているピアニストのエドウィンを雇い、彼女は得意満面でベイビー・ジェーンを演じる。その無惨さ、老醜と自己愛とのギャップが映画を観る者に異様なカタルシスを与える。エドウィンは、げんなりしつつもぬけぬけと褒め言葉を口にして老婆を賞賛する。

芸能界復帰計画の途中で、成り行きからジェーンは家政婦を殺害してしまう。さらにはエドウィンが二階の姉に気付いてしまったことから錯乱に陥る。虐待のエスカレートによって瀕死の状態にある姉ブランチを連れ、時代遅れのキャデラックに乗り込み、夜中の浜辺へと辿り着く。この映画はモノクロなのだが、波が打ち寄せる夜中の浜辺はとんでもなく不気味に見える。波頭のみが白く、あとは漆黒の海にはどんなモンスターが潜んでいてもおかしくなさそうだ。

やがて海岸に朝が訪れる。光が溢れてくる。次第に海水浴や日光浴の人たちで浜辺は賑わってくる。明るい陽光の下で、白塗りのジェーンはますますおぞましい顔つきになっている。太陽の光によって、皮膚の皺はなおさら深い影を顔に刻む。その頃にはジェーンが殺した家政婦の死体が発見され、またエドウィンの通報もあって姉と妹は警察の捜索対象となっている。瀕死のブランチは砂浜に横たわったまま例の自動車事故の真相をジェーンに語り、それはジェーンの心にわだかまっていた「やましさ」をまったくの勘違いであったとするものであった。でも、もはやジェーンにはそんな事実など意味をなさなかった。遂に警官に発見されたのである。

ジェーンを拘束しようと、警官たちが歩み寄ってくる。それに気づいた水着の人々が、好奇心を露わにして彼女を遠巻きにする。するとジェーンは、集まってきた人たちをスターに群がる観客であると思い込む。もはやそこまで彼女の精神は現実から逸脱していたのだ。嬉しそうにベイビー・ジェーンの歌と踊りを浜辺で披露している場面で映画は終わる。これほどに太陽の光が残酷なものであると表現した映画は、過去にも今にもあるまい。そして浜辺に波を寄せ続ける海は、まぎれもなくルシンダ水脈と通底しているだろう。

ジェーンにとって〈主観としての現実〉は、ベイビー・ジェーンと名乗って舞台で踊り唄っていた瞬間のみであった。それはそれで生きるための戦略である。脳内補正および主観としての〈都合の良い〉現実にすがることを以て、わたしたちはどうにか正気を保つことが出来る。〈客観としての現実〉ばかりが正しいとは限らない。いや、客観ばかりを優先させる必要が果たしてあるのか。

現在、わたしは三鷹駅の近くにある古いマンションに住んでいる。かつては両親が住んでいた。二人とも他界したのでそれを相続し、徹底的にリノベーションを施して住んでいるのだ。学生時代には両親とこのマンションに住んでいたから、四十年近く経ってもどことなく周囲が懐かしい（実際、この地域は町並みが大きくは変わっていない）。近所に「とん子の店」という小さなスナックがあり、医学生であったわたしは中がどのようになっているのか、「とん子」はどんな年齢のどんな外見の女性なのかといつも気になっていた。そうして約四十年して戻ってきたわたしは、いまだに「とん子の店」があることに驚かされた。とん子嬢はかなりの高齢になっているに違いない。そもそもそんな店に通う常連もまた老人たちなのだろうか。経営的に成り立っているのか。とん子嬢をぜひ眼にしたいと思いつつも、コケティッシュな振る舞いをする白塗りのジェーンを思い出して複雑な気持ちにさせられる。彼女もまた、〈主観としての現実〉に棲み続けているのかもしれないと考えると暗澹とした気分にさせられる。

それにしても、〈主観としての現実〉はきわめて脆弱である。天井の明かりを点けた途端に映画の世界が跡形もなく消え失せてしまうのと同じように、弱々しく儚い。カーテンを引いて昼間も薄暗い室内にいると、なおさら〈客観としての現実〉の暴力性が迫ってくるように思われて外に出るのが恐ろしくなってくる。もっと健康的に生きないとオレは本当に駄目になってしまう。でも健康的な生き方ってどんなものなのか。それは本当に心地良いものなのだろうか。

生活の天才

作家の安岡章太郎（一九二〇〜二〇一三）は、駄目な自分、みっともない自分、情けない自分を独特のユーモアと清新さとで描いてきた。いわゆる私小説系の暗さや湿り気とは少々隔たったドライさが、苦さとともに救いの片鱗を与えてくれる。そんな希有な作家だ。

そのような安岡が平成二年に発表した『「あめふり」の歌』という、小説とエッセイとの中間のような小品がある（『夕陽の河岸』新潮文庫、一九九一所収）。ここに銭湯にまつわるエピソードが出てくる。

戦前、小学生の安岡は東京の青山に住んでいた。当時の青山は、今のように洗練された都会ではない。「そのへんは土地が谷間のように窪んで、いくらか草深い田舎の感じが残ってい」た。そんな場所に金魚の養殖池があり、傍らには銭湯があったという。そこで安岡少年はある光景を目にするのだ。

……ところで私は、その日も金魚屋の近くの銭湯で体を洗っていると、眼の前の若い父親らしい人が、じつに巧みに赤ん坊の髪を洗ってやっていた。ぐにゃぐにゃする赤ん坊の首を片手で支え、もう一方の手で湯加減を見ながら、その湯をそろそろと赤ん坊の頭にかける。赤ん坊は泣きもせず、声も立てずに、気持よさそうに眼をつむっている。

その子の父親らしい色白の男の、指のすらりと長い手つきや、あざやかな手捌きを私は、呆っ気にとられる想いで眺めていたが、やがて男が赤ん坊の体を洗い終ったとき、さらに驚かされることになった。男は、赤ん坊の体に手桶の湯を何杯か掛けてやったが、それが終ると、

「ほい」

というような声を軽く上げた。すると間髪を入れず、男の細君らしい若い女の人が着物

のままで洗い場に入ってくると、さっと赤ん坊を手にしたタオルの中に抱き上げて、「まア、よかったこと。……ちゃん、奇麗々々にして頂いて」そんなことを言ったかと思うと、着物の裾をたくし上げもせず、タイルの床の濡れていないところを拾いながら、器用な足取りで出て行った。

その間、私は殆ど現実の場にいることを忘れて、夢のようにキラビヤカなものが眼の前を通り過ぎていったような心持だった。——ああ、あれはぼくらとは違って仕合せな別世界に住む人たちだ。

赤ん坊の髪を洗ってやった男と、着物のまま洗い場に入ってきた女。この若夫婦は、べつに金持ちでもなければ特別な階級の人でもない。いわゆる庶民に過ぎない。ではそんな当たり前の人たちの何が安岡少年を打ちのめしたのか。「彼等の顔立ちは美しく、着ているものも小奇麗だ。しかし、私との隔たりはそんなところにあるのではない。決定的なものは、彼等の一挙一動には生活苦の匂いのカケラも見えないことなのだ。すなわち、赤ん坊に湯をつかわせても泣かさず、細君は糊のきいたエプロンに着物のまま風呂場に入ってきても水で濡らしたり汚したりすることはない」。

彼らにだって相応の生活苦はあるだろうが、そこに絡め取られずに自然かつスムーズに日々の生活をまっとうしていく——それはさながら優雅な踊りのように進行し、だから生活上の苦しみや悲しさもまた絵物語のように鮮明な輪郭で彼らを包み込みやがて雲散霧消していくのだろう。彼らには曖昧さや無意味さがない。生きること自体に意味があることを、躊躇(ちゅうちょ)なく見事に実践している。たとえ貧しくとも清潔で明るく、「私は、それを想像するだけで、羨望ともつかぬ或る悩ましさに胸が重くなるようだった」。つまり彼らは身も心も健康的なのだ。健康的に、真っ直ぐでメリハリの利いた生活態度で彼らは生きている。おそらく嫉妬や恨み、自惚(うぬぼ)れだの復讐だのとは無縁の生き方を営んでいる。

健康的に生きるためには、それなりの資質が必要だろう。ある種の自信やそれに裏づけられた鷹揚(おうよう)さ、屈託とは無縁の（ささやかな）運の良さ、過剰な自意識などに囚われぬさりげなさ、世の中に対する無条件の信頼感、丈夫でスマートな身体、他人に憎まれたり蔑(さげす)まれることのないようなオーラ、運動神経や身ごなしの良さ、そういったものに恵まれていなければならない。考えようによっては、生活という文脈上の天才とさえ呼べるかもしれない。そんな人々の輝きを前にすれば、わたしだってうろたえるだろう。

銭湯で出会った若夫婦に比べるならば、いくら持て囃されようともベイビー・ジェーンは薄汚れてわざとらしい奇形的存在である。他人の家のプールを泳ぎ渡っていくネッドも、腹話術人形のようにぎこちなく不気味だ。ルシンダ水脈は、金魚の養殖池の傍らにある銭湯にはつながっていないのだろう、たぶん。

けれども——。あの若夫婦が今この現代に生きていたとして、たとえば彼らはどんな映画を観るのだろうか。間違っても『泳ぐひと』や『何がジェーンに起ったか？』なんかを観ようとは考えないだろう。たとえ見せられても、苦笑を浮かべつつ「こういった映画もあるんですねえ」と控え目に言うだけだろう。このような映画は彼らに必要ないし、それを面白いとも思わない。不健全な、不健康な映画だから。

フーテンの寅さんや釣りバカ日誌的な映画を彼らが好んだとして、わたしはそこを揶揄したい気持ちに駆られると同時に、やはり彼らの健全さに尻尾を巻いて逃げ出したい気分にさせられそうだ。もしも人肉を貪り食い、眼から緑色の光線を発射し、口から放射性の火炎を吐き出すようなモンスターが海の中から、あるいは宇宙からか地中からか出現したとしても、きっと彼らは見苦しい姿を見せることなく逃げおおせるだろう。まっさきにモンスターの餌食になるのはわたしのようなひねくれ者に決まっている。

こうして途中までは愉しみ半分に原稿を綴っていたわたしは、安岡章太郎の作品を持ち出すに及んですっかり意気消沈してしまったのであった。ああ、それで思い出したのが、一九六一年に公開された東宝のカラー大作『世界大戦争』である。出演はフランキー堺、乙羽信子、宝田明、星由里子といった面々である。キューバ危機が一九六二年で、つまり東西冷戦が本当に第三次世界大戦へと発展しかねない政治情勢の中でリアルタイムに製作された映画である。監督は松林宗恵、特撮は円谷英二。

わたしはこの映画の巨大な絵看板が新宿伊勢丹の向かいに掲げられていたのをはっきりと覚えている。小学生のわたしでさえ、ひょっとしたら世界が破滅するのではないかといった予感を薄々感じていたときで、だから東京がキノコ雲に包まれている絵は実に生々しく恐ろしいものとして迫ってきた。一九六四年にはキューブリックの『博士の異常な愛情』が公開されているが、個人的には、最終戦争に関しては東宝映画のほうが遥かに心を揺さぶり脅かしてくる。実際に映画そのものを観たのは、わたしが引きこもって鑑賞したDVDなのであるが。

さて『世界大戦争』は驚くばかりに単純なストーリーである。世界は「連邦国」と「同盟国」、両陣営に分かれ、遂に双方のあいだで核戦争が始まってしまう。政治的やりとりもすべて失敗し、東京にも核ミサイルが飛んでくることが明白となる。地方へ疎開しようとする人たちが大混乱を起こすが、核戦争ではもはや疎開など意味をなさない。田村一家（父はプレスセンターの運転手でフランキー堺、母が乙羽信子、長女が星由里子、そして幼い次女と長男）は覚悟を決めて東京に留まり、ちゃぶ台を囲んで最後の晩餐（！）を開く。海苔巻きや稲荷寿司、オムレツといった質素な晩餐である。そうしてその晩、東京は核爆弾に見舞われる。田村一家も国会議事堂も、東京にいたすべての人々や建物も道路も景色も、真っ赤な光に覆われ溶けて蒸発してしまう。田村一家の家長である田村茂吉は、安岡章太郎の作品に出てきた若夫婦ほどの優雅な健康ぶりは発散させていないが、それでも生真面目で誠実な生き方はまさに若夫婦と同じジャンルに属するだろう。

そんな田村一家の小さな幸せが、ちゃぶ台返しさながらに「世界の終わり」へと投げ込まれ、核の炎に溶けてしまう。すべてが否定されてしまう。何一つ残らない。小学生のときに観ていたら、トラウマ映画間違いなしである。まあそれはそれとして、わざわざ『世界大戦争』を記憶から引っ張り出してこなければ、健康に生きる若夫婦に対抗し得た気になれない自分が、つくづく情けない。

第九章
白い煙とモノクロ画面

第九章　白い煙とモノクロ画面

映画と白昼夢（デイドリーム）

ウィークデイの昼間から、部屋を暗くしてＤＶＤを観ていると微妙な背徳感というか「やましさ」が伴ってきて、それが絶妙な味わいを附加してくれる。やはり室内の暗さがポイントで、だからカーテンを開けたときに見える空は悲しいほど青く晴れ渡っているほうが好ましい。そのギャップによって、より生々しく自己憐憫と戯れることが出来る。映画館で過ごすときだって、帰ろうとしたらまだ外は明るかったとか、もうすっかり陽が傾いていたとか、いつの間にか雨が降り出していたとか、そういった軽い驚きが何だか取り返しのつかないような気分を微かに醸し出して映画体験に深みを与えてくれるではないか。

最近、電子タバコを吸っているのだが、これがＤＶＤを観る際の「やましさ」に近い感覚を与えてくれる。真っ昼間に一人で薄暗い室内で電子タバコを吸っていると、自分が世の中には無用な存在であることが実感されてそのぶん余計な責任感から解放された気分になる。ろくでもない人間であることを再認識させられる。

電子タバコには近頃流行のｉＱＯＳ（アイコス。煙草の葉を電気で加熱する。同種にプルーム・テックもあり）以外に、液体をコイルで加熱するタイプがある。わたしは後者を用いている。

で、液体タイプは、その液体（ジュースと呼ぶ）のあれこれを見ると明らかに頭がおかしい世界の産物なのだ。いわゆる紙巻き煙草の代替品といった発想には乏しい。当方のお気に入りは、ラム酒とメンソールを混ぜた香りがする「デイドリーム」というブレンドだがこれはきわめて「まとも」なほうである。カスタードクリーム・パイだのマンゴー・クリーム、チョコレートドーナツ味なんてものがあるし、オロナミンCやレッドブル、コークや牛乳を模した味ないし香り、ライムやオレンジやライチ等々、そもそもなぜこうした既存の食品を煙の形で再現せねばならないのか、そこがまったく問われていない。むしろ「そっくりな味」を作り味わうといった斜め上の情熱に支えられた世界なのである。つまりレプリカントの世界だ。

ジャンクフード系の甘味にシフトしがちなのも変である。従来、煙草は男っぽさといった文脈で捉えられてきた気配がある。となれば、お菓子やデザートに類した味は忌避されるのではないか。女や子どもの味覚にすり寄ってどうするのだ。とはいうものの、マリファナの煙が妙に甘ったるかったり、ドラッグの周辺は意外に甘さに親和性があるような気もする。そうなると液体タイプの電子タバコは煙草よりもドラッグに近い位置づけなのではないのか。サイケデリックな味わいの一環と認識すべきなのかもしれないし、昼間に暗い部屋で吸う電子タバコはまさに正しい味わい方をされているような気もする。

先日、近所に電子タバコの専門店があることを知ったので行ってきた。例の「デイドリーム」とマスカット味の液体を買い、ついでに大容量のバッテリーを備えた強力なアトマイザーを購入した。電子タバコの煙は香りのついた水蒸気で、ただし粒子が紙巻き煙草の煙と同じサイズの粒子ゆえに、従来の煙草そっくりの性状の煙を吐き出すことが出来る。ただし煙の量がものすごく多い。新しく入手したアトマイザーだと、わたしの鼻や口からそれこそ太った猫二匹のサイズを凌駕する白煙のカタマリが吐き出される。エクトプラズムに近いかもしれない。薄暗い室内で、これだけの分量の煙を作り出す営みはちょっとした快感だ。無意味で罰当たりな快感だ。白昼に観るホラー映画と同じくらいにくだらない。

そういえば専門店の店員であった若い女の子は、ハンバーガー屋あたりで働いていてもおかしくなさそうな外見だったし態度もきちんとしていた。が、ふと見ると左手首の内側（いわばリストカットが行われる場所）に、切手大の蝶のタトゥーが彫られている。少なくとも日本では、やはりタトゥーは一線を越えていないか。しかも手首では腕時計やブレスレットをしても隠しきれない。となると、大概のアルバイトは採用してもらえない可能性が高い。正規職員として雇ってもらえる可能性はなおさら減るだろう。そうした意味で、彼女は自ら平穏な暮らしを放棄している。そして彼女を雇う電子タバコ専門店という存在が、やはりドラッグ文化に近接した危うさを感じさせたのだった。

彼女だってときには蝶のタトゥーを見詰めながら「まずいことをしちまったなあ」と呟くこともあるのではないか。そんな痛々しさまでもが、白い煙の中に漂っている。それを眺めながら、わたしはソファに横たわっている。

現実とこの世の終わり

白い煙が室内を覆い尽くし、自分の手先も見えない状態になったらこれはフランク・ダラボン監督の『ミスト』(二〇〇七)に近い状況になってくる。『ミスト』は、いわゆる「後味の悪い映画」として有名らしい。

物語は最後の場面を除いて、ほぼ予想通りに展開していく。主人公のデヴィッドは、幼い息子のビリーを連れてスーパーへ買い物に出掛ける。風光明媚な田舎町で、ただし近くの山では軍が何やら大規模な極秘実験をしているらしい。買い物をしているあいだに、急に白い霧が立ちこめてくる。たんなる自然現象とは思えないような濃密な霧がみるみる町全体に広がり、スーパーは真っ白な世界に呑み込まれてしまう。でも店内にいる限りは大丈夫だろう。食糧もあるし、当面は持ちこたえられるだろう。とはいうものの、電波もなぜか遮断され、すべての通信手段は失われ、事情がまったく分からない。どうもおかしい。とんでもない事態が静かに進行している気配がする。そこに血まみれの男が外から駆け込んでくる。霧の中には何かとんでもなく凶暴な生き物が潜んでいて、友人がそいつに襲われて死んだ、と。

構図としては、ゾンビに包囲されてスーパーに立てこもった主人公たちというお馴染みのものと同一である。ただしゾンビに該当する敵が、霧の中に潜む異形の生物らしいという設定に他ならない。この異形の生物とは、我々の棲む世界と平行して存在する異世界を覗き込む実験に軍が失敗し、覗き窓（次元の裂け目）から異世界の生き物が侵入してしまったものであった。というわけで、霧の中から異世界の生物がなかなか全体像を見せないまま襲ってくるところにひとつの見せ場がある。

異世界の生き物を造形するのは容易ではあるまい。五〇年代や六〇年代のSF映画なら、むしろチープな化け物こそが珍重され面白がられる。人間の想像力の限界とショボさとを、当時の映画からは汲み取って楽しむべきだろう。だが現代の映画においては、そうした馴れ合い的な関係性は成立しない。観客を心底驚かせたり感心させる以外に道はない。『エイリアン』(一九七九)のような造形は、そう簡単には出来ない。といって過去の映画の怪物の「本歌取り」でマニア心をくすぐる方法では、観客動員数に限度が生じてしまう。

結果として、昆虫や蜘蛛やイカやナマコの類を適当に組み合わせたり、さらにはプテラノドンもどきの怪物も登場させることになる。嫌なもの、不快で不気味なものを合体させればなおさら恐ろしかろうといったイージーな発想で、そんなものは全方向に大砲を何十門も備えた円形の戦車を作ればそれが最強であると主張する中学生レベルだ。

怪物たちという「断片」によって異世界「全体」の禍々(まがまが)しさがありありと伝わってこなければならないのに、その時点でこの映画は失敗している。ついでに申せば、白い霧そのものが迫力を欠く。嫌な何かが潜んでいるような息苦しさが感じられない。コンサートで使うようなスモークマシンを作動させただけにしか見えない。ただしダラボン監督は当初、この映画をモノクロで撮るつもりだったらしい。モノクロであることによって怪物の安っぽさも霧の質感の物足らなさも、ある種のアナクロニズムや贋懐古趣味的な味わいの中に解消出来た可能性はある。でもそれは所詮、誤魔化しに過ぎまい。

　孤絶したスーパーでの人々の振る舞いも、なんだかもたついている。不安が嵩じて群集心理がおかしな方向に暴走しはじめたり、ヒーロー気取りの変な奴が出てきたり、そういった閉塞状況下での人々の描写は平板で深みを欠く。宗教狂いの女が黙示録と異様な現状とを重ね合わせて人々を扇動する様子も取って付けたみたいで、狙いが成功しているとは思えない。

　さて怪物たちはスーパーを攻撃し、しかも習性も素性も分からない。籠城している人々としても、いつまで持ちこたえられるか分からなくなってきた。通信が遮断されているから、この異常事態がこの町だけの話なのか全世界規模なのかも分からない。したがって援軍を待つのが賢明なのか否かも判然としない。怪物の跳梁ぶりからすると、むしろ地球レベルでの厄災が進行しているのではないかと想像したくなる。

　最終的に、主人公は息子と同志、総計五名で脱出を図る。自動車に乗り、とにかく行けるところまで走ってみる。運が良ければ霧の外に出られるかもしれないし、救助隊に出会えるかもしれない。いずれにせよ、誰もが理性を失いつつあるスーパーにこれ以上踏みとどまるのは無理だ。危険な賭けであるにせよ、もはやじっとしているのは耐えられない。自分が広大な砂漠のどこに位置しているのか分からないまま、脱出を願って闇雲に歩き始めるようなものだが仕方がない。

結果はどうなったか。

ガソリンが尽きても、霧の外には出られなかった。援軍にも遭遇出来なかった。

絶望である。自動車から出れば怪物の餌食になって無残に殺されるだろう。車内に残っても飢え死にするだけだ。八方塞りとはこのことだろう。でもここには拳銃と四発の銃弾がある。無言のうちに同意を交わし、いわば尊厳死が実施される。主人公のデヴィッドは、息子のビリーを含めて四人を次々に射殺する。それが義務だと感じているから躊躇せずに殺した。弾丸はもうない。いかなる事情であれ人殺しである自分は怪物に襲われて死ぬべきだとデヴィッドは自覚している。彼はドアを開けて白い世界に踏み出す。

すると、嘘のように霧が晴れてくる。視界が鮮明になってくる。目の前に軍隊の巨大な戦車がぬっと出現し、地響きを立てながらゆっくりと通り過ぎていく。え？　あれほど待ち望んでいた援軍は、手の届くところにいたのだ。その呆気なさ。まるで手品の種明かしをされているみたいじゃないか。軍のトラックが次々に住民を乗せて軽快に走り抜けていく。兵隊たちは火炎放射器を使って、スズメバチの巣でも焼き払うように粛々と怪物を始末している。つまりあと少し待てば、スーパーにいても救済が訪れたのである。軍は怪物と闘い勝利していた。異常事態はしっかりと掌握され、十全に処理されていた。霧に呑まれたデヴィッドたちは、もはやこの世の終わりと信じ、人間としての矜持を保つべく拳銃による死という手段を選んだが、それはまったく無意味であり、独り合点の茶番劇に等しかったわけである。

というわけで全てを知ったデヴィッドが絶叫してこの映画は終わる。まあ「後味の悪い映画」ではあるだろうが、彼の判断はたんなる早トチリにしか過ぎず、すなわち間抜けの頂点を描いた映画とも言えないか。デヴィッドには気の毒だけれど。

たしかにこの終わりの場面には身につまされるものがある。たとえばわたしは、自分自身にまつわるあらゆることに対していきなりゲーム・オーバーを宣言したくなることがある。もう終わりにする、オレは降りるよ、と。それは人生そのものに対してであったり（つまり自殺）、社会人としての日常に対してであったり（つまり隠遁）、本を書き続けることに対してであったり（つまり断筆）する。もういいよ、面倒になったよ、と。もう不平も不満も言う気はないし、未練なんかないよ、と。そんな衝動にときおり襲われる。

でも自分の不平不満や無力感が、実は錯覚であったり思い過ごしではないかという気もしないではない。いや、おそらくそう思いたいのだ。それゆえ、割り切れない気持ちを燻らせたまま、己を説得して日々を耐えていくことになる。少なくとも子ども時代を振り返ってみれば、些細な失態を、親に叱られるかもしれないなどとまるでこの世の終わりみたいに絶望していたじゃないか。もうちょっと我慢してみろよ、と。

だからデヴィッドの振る舞いには、共感と反感の双方が同時に生じてしまう。そして、どうしようもなく胸がざわついてしまうのだ。

殺しと遊び

ウィリアム・ゴールディングの小説『蠅の王』は一九六三年ピーター・ブルックによって映画化されたが（一九九〇年ハリー・フック版は封切り時に見て失望した記憶あり）、原作に忠実なうえにモノクロ画面が功を奏してイヤな感じが増幅されていた。まさに原作通りの最後がちょっと舞台の書き割りめいた印象で素晴らしい。

ストーリーはご存知と思うが、時代設定は近未来である（ただし原作が書かれたのは一九五四年だから、もはやわたしたちにとっては過去に相当するだろう）。第三次世界大戦から疎開するために英国の二十四人の少年たちを乗せた飛行機が、南太平洋上空を飛行中に墜落する。少年たちは運良く無事で（大人は全員死亡）、南海の孤島に漂着。あたかも『十五少年漂流記』のように全員で規律正しい生活を始める。だが次第に少年たちの内面に獣性が目覚め、欲望や快楽に駆られて未開民族さながらの生き方へシフトしていく。子どもの世界であるにもかかわらず、争いの中で二人が殺され、理性派の年長ラーフは孤立しそれどころか人間狩りの標的となって追い回される。追いつかれたら殺害されるだろう。が、遂に砂浜でラーフは転倒してしまう。追いすがってくる蛮族たち（の姿をした少年たち）の血に飢え歓喜に満ちた叫び声が迫ってくる。以下は新潮文庫版（平井正穂訳）からの引用である。

彼はよろめいて立ち上がり、さらに迫ってくる脅威にそなえて身構えた。ふと見ると大きな尖った帽子が眼に映った。白い覆いのついた帽子で、その庇の緑の影の上には王冠と錨と金色の樹葉の紋章があった。彼はまた白い上着、肩章、拳銃、制服の上から下まで一列に並んでいる金ボタンを、見た。
一人の海軍士官が砂の上に立っていて、不安にみちた驚きの表情をたたえて、ラーフを見下ろしていたのだった。その士官の背後の浜辺には、カッターがへさきを陸地に向けて引きあげられ、二人の水兵がそれを押えていた。艇尾座には、軽機関銃を抱えたもう一人の水兵がいた。

合図の叫び声は口ごもり、消えていった。

士官は、一瞬何か不審そうにラーフを見つめていたが、すぐに拳銃の台尻から手を離した。

「ハロー」

あまりに自分が汚い格好なのを恥じて少しもじもじしていたが、それでもラーフはおずおずと返事をした。

「ハロー」

自分の質問にいかにもよく答えてくれたといわんばかりに、その士官は頷いた。

「きみたちの間に、成年者はだれかいるかね――つまり、大人のことだが」

黙って、ラーフは首を横に振った。彼は砂上に立ったまま、半歩ほど向きを変えた。そこには、小さな少年たちがからだじゅうに縞模様の粘土の絵具を塗りたくり、切っ先の鋭い棒切れをもったまま、半円形を描いて黙々と浜辺に佇立していた。

「なかなかおもしろそうに遊んでいるじゃないか」と、士官はいった。

仲間に殺される寸前に、ラーフたちの獣じみた小世界はそれが劇中劇のようなものに過ぎなかったと気づかされる。大人が登場した途端、シリアスな場面は「なかなかおもしろそうに遊んでいるじゃないか」と評される茶番に堕してしまうのだ。

だが茶番では済まない。実際に少年が二人、殺されてしまっているのだから。『ミスト』の主人公であったデヴィッドのように、裸の少年たちは取り返しのつかない絶望感を味わうことになるだろう。それを負債にして、これからの長い人生を彼らは生きていくことになる（彼らは殺人の事実を秘密として守り通すのだろうか）。ピーター・ブルック版の映画でも、最後の場面は原作そのままであった。砂浜の様子はざらついた画面と相俟って作りもののように見え、なおさら劇中劇めいたトーンを強調していた。この低予算映画とハリウッド映画の『ミスト』、いったいどちらのほうがより「後味の悪い映画」なのかと問われたら、返答に窮してしまいそうだ。

ちなみに二〇一三年に発売されたピーター・ブルック版のDVDは、ジャケットに、少年が化け物へ変貌するイラストが赤と黒を基調に楳図かずおによって描かれていて、ものすごく恐い。

桃色の怪物

自分の人生もまた、『ミスト』の霧の中や『蠅の王』の孤島のように精神的視野狭窄をもたらす小世界での出来事だったのかもしれないと思いたくなる。金ボタンの海軍士官みたいな人物がいきなり部屋に入ってきて、電子タバコの煙を吐いているわたしに向かって「おやおや、すっかりいじけているじゃないか」と力強く声を掛けてくれないものか。今までの日々はすべてネガティヴな錯覚と取り越し苦労の産物であり、もう何も心配はないと教えてくれないものか。部屋の外では君に喝采を送るべく世界が待ち構えていると知らせようと、こうやって訪ねてきたのさと言ってくれないものか。と、そんな身勝手なことをつい夢想したくなるのである。しかも切実に。

さて「デイドリーム」の白く大きな煙を眺めているうちに、中学生の頃の記憶が蘇ってきた。

父が紙巻き煙草を美味そうに吸いつつ、訪ねてきた知人と雑談を交わすのを、ニキビ面のわたしはたまたま横で聞いていたのだが、いつしか異様な映画について訪問者は語っている。

「カラーじゃなくて画面は白黒なんですがね、その場面だけ、高い煙突からの煙が桃色になるんです。煙だけが、ね。白じゃなくて桃色。あれには驚いたなあ」

それを耳にして、わたしの心は波立った。どうも尋常なセンスの映画ではないらしい。怪奇映画とかそういうのではなく、むしろ精神を病んだ人が作った映画らしい。そんなふうに勝手に解釈して、激しい好奇心に駆られた。いったい白い煙をわざわざ桃色に着色する必然性なんて世の中にあるのだろうか。モノクロの世界に住む人々にとって、桃色の煙なんていわば異次元の出来事みたいに知覚すら出来ないのではないか。もし知覚し得ても、もはや煙ではなく怪物のように感じられたりしないか。

後に、精神を病んだ人が作ったのではないかと疑ったその映画が黒澤明の『天国と地獄』（一九六三）であったことを知った。が、実際に映画を観たのは二十年以上経ってからで、しかもＶＨＳによるホームシアターの画面であった。ずいぶん脚本が練れているなあと感心したし、列車からの身代金受け渡しのシーンも大変な迫力であった。だがやはり着色された煙（登場人物の台詞に従えば牡丹色）の光景は異様で圧倒的だ。

身代金を奪った犯人は、それが入っていた革鞄を、証拠隠滅のために焼却処分する可能性が高い。そこで警察側は、燃えたら煙が桃色になるような薬品を鞄に予め仕掛けておく。果たして犯人は病院の焼却炉で鞄を焼き、すると犯人を告発するかのように高い煙突から桃色の煙がもくもくと流れ出す。偶然にもそれを発見し見つめる刑事たちという展開は、禍々しさと歪んだ美学が重なり合ったような「ときめき」をわたしにもたらした。たとえ鞄を焼き捨てようとしても、そのために生じた桃色の煙を「たまたま」刑事が目撃する確率なんてわずかであるに違いない。でもあの煙はまさに神による告発を思わせるような壮大さを備えていたゆえに、観客を動揺させたのだろう。それどころか、煙のシーンについて小耳に挟んだ中学生時代のわたしさえも妖しく心を動かされたわけである。

だが動揺したのはそれだけではない。

VHSを観ながらわたしがもっとも驚いたのは、中学生のときに自分なりに想像した「桃色の煙のシーン」と実際の画面とがそっくりだったことであった。多くの場合、自分で想像した映画のシーンと現実に撮影されたシーンとはかなり違うものだろう。その落差を味わうのも映画の楽しみのひとつに違いない。でもあの光景は煙の形や流れ具合のみならず、煙突の形状や周囲の街並みまでもがほぼ瓜二つであった。

これは気味の悪い体験である。「桃色の煙のシーン」が想像と映画とであまりにもそっくりとなると、あたかも夢の中で出会った未知の人物と同じ顔をした人間に現実で出会ったかのような驚きが生じる。ドッペルゲンガー的体験とでも呼ぶべきなのだろうか。ついそこに何らかの意味を探りたくなるけれど、まあ特別な意味なんてないだろう。煙と煙突の組み合わせでは、それほど画面構成に差異は生じないということなのかもしれない。

とはいうものの、あの煙突の煙は、ＶＨＳを観ていたわたしにとってまさに悪夢さながらの光景だったのである。

もどかしさと悲しみ

電子タバコの煙を吐き出しているうちに、いっそ自分自身が白い煙と化して幽霊のように漂ってみたい気持ちが生じてくる。煙となったわたしは自在に窓や鍵穴から室内に侵入し、わたしを傷つけた連中に対して陰湿な仕返しと復讐を繰り返し、さらには愉快犯として帝都東京を混乱に陥れる。

『天国と地獄』が封切られる三年前、監督・本多猪四郎、特技監督・円谷英二によって怪作『ガス人間オ1号』が製作された。総天然色、ガス人間は土屋嘉男が演じ、米国でのタイトルは"*The Human Vapor*"となっており、ちなみに電子タバコの俗称はVapeである。

この映画はかなり評価が高いらしい。特撮映画にしてはドラマがしっかりしていて、人間の悲しさや儚(はかな)さが描かれている、と。派手さはないが、大人の鑑賞に耐える作品であると褒めるブログが結構目につくのである。わたしはリアルタイムはおろかホームシアターで観たことすらないので、DVDを購入してみた。

物語はミステリー仕立てである。銀行強盗をパトロールカーで追跡する警察は、犯人の姿を見失ってしまう。が、五日市街道の奥にひっそりと建てられた古い一軒家——ここに逃げ込んだ可能性がある。その家には今やすっかり落ち目の（だが美貌の）日本舞踊の家元・春日藤千代（八千草薫）が、老いた鼓師（左卜全）と二人で住んでおり、しかし犯人を見つけ出すことは出来なかった。でも藤千代を岡本警部補（三橋達也）はどこか怪しいと睨む。

都内では銀行強盗が連続し、犯人は「煙のように」消え失せてしまうのだった。手口は判明せず、謎は深まり警察は面目を失いつつある。そんな時期に、零落した筈の藤千代の金回りが急に良くなる。彼女は日本舞踊の発表会（ワンマンショーとでも呼ぶべきか）を行うべく、かつての後援者たちを訪ねて接触を図っている。しかも運転手付きのキャデラックを購入して。

　遂に岡本警部補は手掛かりを摑んだ。春日藤千代が後援者たちとコネをつけるために配った紙幣のナンバーが、強盗によって奪われた紙幣のそれと一致したのである。早速彼女を共犯として逮捕拘留するも、藤千代は何も話そうとしない。自分は無実である、と。そんな折、水野という男（土屋嘉男）が、銀行強盗の犯人は自分であり藤千代は無関係であると名乗り出る。そして犯行の謎を教えようと言い放つ。実際に銀行で犯行を再現してみせることになり、水野は警察官たちを前に変身をしてみせる。胸に右手を当てて精神集中をすると、たちまちのうちに身体が白いガスと化し、服の中から抜け出ていくのだ。そうして鉄格子を簡単に通り抜けてしまう。慌てた制服警官がピストルを発射するものの、ガス人間にはまったくダメージを与えられないのだった。

　水野はもともと貧しい境遇で育ち、大学に進学する余裕もなかったために自衛隊でパイロットを志すが挫折し、不本意ながら今では図書館の貸し出し係を務めている。口うるさい上司に頭を下げねばならない生活を余儀なくされており、彼の心は鬱屈している。そんな図書館に、芸の参考にと春日藤千代が資料の閲覧に訪れたことで二人には接点が生じた。水野は藤千代の美しさに惹かれ、落魄（らくはく）していることを知って彼女を援助したいと考える。

ここでSF的趣向が登場する。ある科学者が、宇宙旅行に耐えられるように人体を改造するプロジェクトのため、自衛隊のパイロットを志願した者たちを相手に人体実験を繰り返していた。水野も金につられて人体実験に志願したが、結果は失敗で彼はガス人間となってしまったのだ。怒った水野は科学者を窒息死させ、だがしばらくすると自分は生身の肉体とガス人間、どちらにも自在に変身可能なことに気づく。その事実を彼は秘密としていたが、遂に変身能力を利用して銀行から金を奪い、不本意な状況に置かれている藤千代に貢ぐことにしたのであった。

もちろん強奪した金であるなどとは明かさない。田舎の田畑を売った金だと言い繕い、水野は春日藤千代に資金援助を行う。その説明を彼女は信じていたので、警察に拘留されても無罪を主張したのだった。

ガス人間の正体が分かっても、警察はそれを逮捕出来なかったし退治することも叶わなかった。社会は水野に対してまったく無力だったのである。しかもガス人間に被害を受けたと嘘を主張する連中が次々に出現し、世間には混乱が始まっていた。このまま放置するわけにはいかない。

一九五二年に、漫画の鉄腕アトムで「気体人間」というエピソードが雑誌『少年』に掲載された。気体人間は成層圏に住むガス状生物で、人間を支配しようと企む。漫画では電気掃除機で気体人間を捕らえる場面があり、さらに冷凍して彼らを全滅させる。やはりガス人間は大型の電気掃除機で捕捉し、頑丈な容器に閉じ込めてしまうのが得策ではないのか。だが映画では、そうした発想は出てこない。ではどんな作戦が講じられたか。

藤千代は水野がガス人間であることを知り、また貢がれた金が銀行強盗によって得られたものと知った後も、水野からの金で踊りの単独発表会を開こうとする。そのあたり、藤千代の道徳観念はどうなっているのかと首を捻りたくなるが、彼女は芸の精進のみが頭にある浮世離れした、ある意味では純粋無垢な人物という設定のようだ。また水野も彼女の崇拝者といった立場にあり、それが愛情に変わりつつあるものの俗物めいた情欲を求めていない気配がある。このあたりに説得力が備わっていればよろしいのだけれど、いまひとつ無理を感じさせるゆえに「大人のドラマ」とわたしには感じられない。

さて警察は、藤千代の発表会の当日、会場内を可燃性ガスで満たし、水野が現れたら彼以外を待避させたうえで爆発させてガス人間を葬り去ろうと図る。ガスにガスを混ぜて高熱で吹き飛ばしてしまえ、と。ずいぶん乱暴というか滅茶苦茶な作戦だが、大爆発のシーンがハイライトなので多少の無理には目をつぶったのであろう。最終的には春日藤千代は舞いを終えてから水野と抱擁し、そのとき彼女はそっとライターを取り出して着火する。いわばダイナマイト心中の変形であり、考えようによってはまさに純粋そのものの愛が文字通り「極限まで燃え上がった」という次第なのだった。

こうしてストーリーを書き記していても、ツッコミどころだらけで困ってしまう。ただし特撮はなかなか見事で、どうせならばモノクロ画面のほうがガス人間もリアリティーを持てたかもしれない、などと考えたくなる。

どんなに科学的な雰囲気を盛り上げようと、やはりガス人間といった存在には無理がないだろうか。自分がガス人間になったとしたらどうなるか。全身の分子密度が希薄になり拡散してしまうのである。意識は遠のき、限りなく死に近づいてしまうだけではないのか。銀行強盗なんかしている余裕があるとは到底思えない。アラジンがランプを擦ることによって煙のように出現する魔神ならばファンタジーとして受け入れられるが、科学の意匠で縁取られたガス人間は現実世界にはそぐわないのではないか。

問題は、肉体を備えた人間とガス人間とのあいだでいくらでも変身と復帰が可能なことだろう。人が気体と化すのには、存在そのものが失われ、ひたすら無に近づいていくイメージが伴うのではあるまいか。気化することには、もはや取り返しがつかないといった絶望感が漂いそうなのに、『ガス人間オ1号』はそれを単なるストーリーの方便としてしか扱っていない。そこに物足りなさが生じてしまうのである。

モンスターには、「もはや取り返しがつかない」という要素が付随してこそ、アホらしい設定や突飛な造形が許容されるのではなかっただろうか。取り返しがついてしまっては、子どもの「ごっこ」遊びのレベルに堕してしまう。そんな次第でわたしは『ガス人間オ1号』にどうしても肩入れをすることが出来なかったのであった。

白い霧に包まれた中で独り相撲の挙げ句、とんでもない思い違いをしてしまった者がいる。白い煙が桃色に変わったとき、運命が暗転する犯罪者がいる。己の肉体が白い煙へと変化することで破滅への道を歩み始めた者がいる。いずれの人物も、取り返しのつかない状態へと迷い込んでしまった。そしてわたしは薄暗い部屋で白い煙を吐き出しながら屈託している。

第十章 呆気ないラストの映画、というジャンル

第十章　呆気ないラストの映画、というジャンル

不穏と詩情

我が国の現代美術の歴史を語るとしたら避けて通れない作品に、高松次郎（一九三六〜一九九八）の『この七つの文字』（一九七〇）がある。版画（シルクスクリーン）ということになっているが、美術作品というよりは標語を印刷した古い宣伝ビラのようにしか見えない。サイズは意外に大きく六十一・六×二十五・四センチ、この文章を執筆するために使っている二十三・八インチのパソコン用モニター（わたしは縦長にして使用）よりも大きい。そんなサイズの紙に、

この七つの文字

と縦書きに、七十ポイントはありそうな明朝体活字で刷られている。ただそれだけの、素っ気

ない作品である。ニセモノを作ろうと思えばいくらでも作れる。

要点は、〈この七つの文字〉というフレーズがちゃんと七つの文字で構成されているという単純明快な事実だ。〈この七つの文字〉は七つの文字で出来上がっている。まさにその通り。コンセプチュアル・アートということで、贋作が容易に作れようが作れまいがそういったことは関係がない。小賢しく解説するなら、「シニフィエの一意性を無化」だとか「表層への固執と自己完結性」だとか、まことしやかなことはいくらでも語れる。虚しい行為だけれど。

だがそれはそれとして、額に収められて壁に展示された作品は妙に「気になる」のだ。発想としては気の利いた中学生でも思いつくかもしれないレベルではあるものの、きちんと展示されると硬質な実在感がまぎれもなく立ち上がってくる。〈この七つの文字〉が七つの文字で出来ているって、つまり「そのまんま」じゃないか。意味もメッセージもない。いや、なさ過ぎる。究極の無意味？　そういった点では呆れるというか拍子抜けする。脱力すると言い換えても良いだろう。にもかかわらず、やはりこれは無視し難い。

わたしが〈この七つの文字〉を眺めながら思うことは二つある。

ひとつは、七つの文字の群がよりにもよってこれら文字たち（つまり自分たち自身）について言及している――このような事態は、考えようによってはきわめて異様な状況ということだ。

通常、文字の連なりはもっと別なこと、誰かが某氏に伝えたかったり記録しておきたい内容を表現する。それが課せられた使命である。それなのに七つの文字の連なりは人間などそっちのけで、自分たちのことだけを勝手に語っている。少なくともそのように感じられる。普通はそんなことはあり得ないし、たかが記号の分際でこちらの隙を衝いたかのように自身について述べるなんて、越権行為を犯しているのではあるまいか。いや、ついそんな具合に文字を擬人化して非難したくなること自体が、もはや異常であろう。そうした「さりげない不穏さ」がじわじわ伝わってくるあたりにかえって興味が惹かれる。

もうひとつは、興味が惹かれるなどというものの所詮それは壁に展示された版画一枚でしかない。複製のゴッホや、卓上カレンダーのルソーと決定的な違いはない。つまり人生に対する影響力はほぼゼロで、〈この七つの文字〉が存在しようがしまいがわたしたちの日常（おおむね退屈ではあれども、かけがえのない日々）は連綿と続いていく。そうした路傍の石みたいな呆気なさ、他愛なさが、逆に詩情に近いものを醸し出す。どうでもいいし、意味もない。まったく役に立たないし、メッセージも教訓もない。それなのにわたしの心を捉えるとしたら、そこには詩に似たものが宿っているとしか言いようがないではないか。

いささか気取って申せば、「さりげない不穏さ」とささやかな詩情とが重なった状態には何やら真実そのものに近い感触がある。錯覚かもしれないが、そんな気配が（わずかだけれども）確かにある。となれば、やはり〈この七つの文字〉は立派なアートであり、たんなる思いつきのレベルにとどまるものではない。

ソリッドな「それだけ」

さて、高松次郎の版画を思い出したのは、米国のミステリ作家ローラ・リップマンの小説「お茶の子さいさい」（短篇集『心から愛するただひとりの人』所収、吉澤康子訳、早川書房、二〇〇九）を読んだからである。

原題は"*Easy as A-B-C*"である。これを訳すと「お茶の子さいさい」。なるほどね。内容をちょっと紹介してみよう。

語り手はボルチモアのリフォーム業者で、彼には結婚生活十八年になる妻と二人の子どもがいる。背丈は一八七・五センチ、抜け目がなく有能で饒舌。ブルーカラーであることにコンプレックスを抱いていて、おそらくサイコパス。そんな男による一人称「おれ」で殺人の顚末が語られるのだ。

　ボルチモア南部のローカスト・ポイントにある一軒家で、「おれ」は育った。そこはもともと祖父母の家で、当時はさしたる価値がなかった。ありきたりな民家でしかなかった。だから祖父母が亡くなったあとでその家を七万五千ドルで売り払ったときには「おれらは買い主たちをうまくだましてやったと思ったもんだった。七万五千ドルだぜ！」と無邪気に喜んだものである。

　だが「おれ」が工務店を営むようになったら、その売り払った筈の思い出深い家の完全リフォーム（むしろリノベーションと称するべきだろう）という仕事が舞い込んできた。不動産会社は言う、「こちらのお客さまはわずか二十二万五千ドルでここを購入されましたので、あと十万ドルは喜んで家のためにお支払いいただけるそうですし、仮に工事費が十五万ドルになろうと顔色ひとつ変えないでしょうね」。つまり七万五千ドルばかりで「うまくだましてやった」と悦に入っていたら、それが三倍の値段に跳ね上がっていた。間抜けなのはこちらのほうだった。それどころか、「おれ」はそこをリフォームするという巡り合わせに遭遇してしまった。自分の愚かさを重ねがさね嘲笑（わら）われているようなものではないか。

　しかも、かつての我が家を買い取ったのは（そしてリフォームを依頼してきたのは）、若い女性のディアドリであった。独身の美人で男たちを魅了し、仕事には優秀で大金を稼ぎ、スノッブで洗練されたヤッピーの女性だ。

ディアドリと「おれ」とは、たちまち性的関係に陥る。ただし対等の関係ではない。ブルーカラーゆえの逞しい肉体や、知的労働者にはない独特の愛想の良さや「がさつ」さに、あえて言うならジャンクフードにも似た魅力を彼女が感じたからである。それはちょっとしたスリルでもあるし、チープな好奇心を刺激したのであろう。おまけに性的な関係があればより丁寧な仕事をしてくれるだろうといった打算も働いていた筈だ。「おれ」はそうした一切を直感的に理解し、いささか心に「わだかまり」を残しながらも、セックスを楽しみつつリフォームを進めていく。

リフォームの仕事を行うのは、すなわち子ども時代の思い出が刻み込まれたディテールを拭い去る作業である。「おれ」にとって馴染み深かった絵模様の壁紙を剝がしたり、ニスが剝げるまで使い込んだ階段の手すりを撤去したり、バスルームの壁に貼られていた懐かしいタイルをまったく別なものに替えたり。それを「おれ」がしなければならないのは、なかなか残酷な話であろう。ディアドリにとっては、何でもないことであろうとも。しかし「おれ」は、彼女のために最良の仕事を提供する。地下にはワインセラーまで造ってやった。

やがてリフォームが完成した。洗練された家が出来上がった。「おれ」にとってノスタルジーに相当する家屋は、まさに今ふうの瀟洒（しょうしゃ）な家に生まれ変わった。「おれ」には分別があるから、完成したらその時点でディアドリと別れることをちゃんと納得している。二人で過ごす最後の夜（場所は、もちろんリフォームの済んだ家である）、「おれ」は一本の白ワインを買ってきた。彼女が白ワインを好きだと知っていたので、かなり奮発して買ったのである。彼女が喜ぶであろうと思って。

「シャルドネなのね」彼女は言った。

「きみは白ワインが好きだろ」

「だけど、シャルドネはあまり好きじゃないの。ワインはシャルドネ以外（Anything But Chardonnay）がモットーのＡＢＣガールよ。シャルドネは陳腐だってデニスが言ってるわ」

「デニス？」

彼女は答えなかった。

デニスはおそらく彼女の友人ないし恋人で、この会話においてディアドリは「おれ」が所詮はソフィスティケートとは無縁の肉体労働者に過ぎないという無意識の差別を露呈させてしまう。それどころか「わたしたちはけっして普通の恋人同士にはなれないとわかっていたはずよ、愛するあなた」と言ってしまう。「おれ」の痛いところを衝いてしまったのだ。こうして「おれ」が怒りに駆られてしまえば、彼女はもはやキュートなセックスフレンドではなく、たんに思い出の家を奪い去った憎むべき金持ちということになってしまう。

といった次第で、最後のセックスをバスルームで楽しもうとディアドリを誘った「おれ」は、そこであっさりと彼女を絞め殺す。感情など剝き出しにはせず、手慣れた大工仕事を行うような気軽さで。

おれは彼女の死体をごみ袋に入れ、造園作業の残りの石灰でそれをおおった。幸いなことに、彼女は地下室にまで暖炉をほしがるほど調子にのってはいなかったので、もともとそこにあった古い炉床を隠すためにおれが設置したカバーをはずしてそこに彼女を入れ、レンガでふさいでふたたびそのカバーをかぶせるだけでよかった。

まさに「お茶の子さいさい」だ。死体を隠したあとにちょっとした手順を踏んで、あっさりと完全犯罪が成立してしまった。ディアドリは行方不明者としてそのまま世間から消え失せてしまった。誰も「おれ」を疑わない。そんな必然性すらない。リフォームした家は銀行が抵当権を行使して転売されるだろうが、地下室から死体が発見される可能性はほぼない。小説の最終段落を引用しておこう。

そしておれはいま、ワインセラーを作っておいてほんとうによかったと思っている。ワインセラーがあるおかげで、新しい所有者が倒壊のリスクをおかして地下室を採掘しようと思わないだろうし、いつかそんなことがあるころには、見つかるのは小さな骨入りの袋にすぎないだろうよ。

いとも簡単に殺人が行われ、死体の始末も淡々と、しかも完璧に遂行された。犯人は、慌てたり苦悩する場面には一切出会わなかった。良心が痛んだり、己の所業に畏怖することもなかった。リフォームの仕事をこなすのとほとんど変わるところはなかった。そういった意味では、終始ほぼ起伏なんかない小説であった。

普通の小説であったら、本来の物語はここから始まるのではないのか。思いがけぬミスや偶然によって犯罪が露見したり、あるいは「おれ」の心境に変化が訪れる。やましさや心苦しさが徐々に膨れ上がり、粗野で無反省な筈であった「おれ」が罪の意識に煩悶する――そんな展開にならなければ体裁が整わないだろう。さもなければディアドリの幽霊が現れるとか。だがこの作品では正義も道徳も成立しない。「気にくわない女を殺してすっきりしました、おしまい」では、あまりにも呆気ない。拍子抜けだと思われかねない。

でもこの短篇小説はとても印象的で忘れ難い。不完全な小説、書き足りないところのある欠陥小説とは到底思えない。

この作品の美点は、内容が題名を「そのまんま」実践しているだけで、意味もメッセージもなく、もちろん戒めや人生訓だってないところだろう。清々しいくらいに、余計なものがない。なるほどブルーカラーである「おれ」の屈折した思いや社会のありようが上手く取り込まれてはいる。だがそれは根幹ではあるまい。「お茶の子さいさい」を読みながら、わたしはこのようなドラマチックな展開とは無縁の案件こそがむしろリアルではないかと思いたくなってしまう。索然（さくぜん）とし、素っ気なく、身も蓋もなく、語る値打ちすらない。よりにもよってそんなものを、明瞭な輪郭で力強く描いたからこそ「さりげない不穏さ」と詩情とがうっすらと滲み出てくる。呆気なさがマイナスの価値をもたらさず、その反対に、たとえその作品を否定したくても出来ないだけの実在感を仄（ほの）めかしてくる。

高松次郎の『この七つの文字』も、ローラ・リップマンの「お茶の子さいさい」も、タイトルと作品そのものとはいわば同義反復の関係にある。鑑賞者としては「いやあ、まったくその通りだなあ、ははは」と弱々しく笑う以外に態度の取りようがない。こうした作品は、実は作るのが難しい。なぜなら、ツッコミどころや曖昧さを残してしまうと、そこから同義反復のループが破綻（はたん）してしまうからだ。たんなる尻切れトンボで投げやりな駄作に堕してしまいかねない。用意周到さが不可欠なのである。

「え、それだけなの?」

「それだけですけど、何か?」

右の会話における「それだけ」をいかにソリッドに作り上げられるか。呆気なさをいかに真実めいた手触りに近づけられるか。そこを堪能すべき作品がまぎれもなく存在する。それは現代アートにも小説にも存在するし、もちろん映画にも存在する。

『エディ・コイルの友人たち』は、ピーター・イエーツが監督した一九七三年のクライム・ムービー（この呼称のほうが似合っている気がする）ないしはノワール作品（こちらの呼称では、ちょっと気取り過ぎている気がする）である。エディ・コイルはロバート・ミッチャムが演じている。

舞台はボストン近郊。ストーリーは、エディ・コイルとその周辺の人間模様であり、「友人たち」というのは反語的表現だろう。皆が多かれ少なかれ相手を騙したり裏切ったり疑い合い、おまけに友人と思っていた相手に彼は殺されてしまうのだから。

エディは銃の密売や違法な運び屋で生きているケチな悪党だ。年齢は既に五十。老いの予兆を感じ始めている。末端の悪人でしかないものの、それなりに年季を積んできた。修羅場を潜（くぐ）ってきたし、痛い目にも遭っている。それゆえの凄味を持ち合わせているけれども、自宅は狭苦しい借家だし、妻も子どももいて生活は楽ではない。そのあたりのちぐはぐさが、作品に奥行きを与えている。

まずいことにエディは保釈中の身である。バー経営者のディロン（組織とも財務省のエージェントともつながりのある密告者。エディは彼がそんな裏切り者とは知らないまま、一種の友情を抱いている）から持ち掛けられた運び屋の仕事で失敗し、公判を待っている。おそらく懲役刑で、だが五十を過ぎた身には刑務所暮らしはキツイ。だからエディ・コイルは浮かない顔である。彼は友情ゆえにディロンの名前は白状しなかった。

ムショ入りは避けたい。ぜひとも避けたい。そこでエディは財務省のエージェントに司法取引を持ち掛ける。ただしエディとしては、そのような卑怯な手段を用いることには気が進まない。下手をすると組織を怒らせてしまいかねないし、他人を陥れるのは好まない。そういったあたりで逡巡する「悩ましき日々」に、銀行強盗の一味だの、若くて威勢が良くて世間をナメた密売人などが絡む。それらが同時進行するので案外ストーリーは複雑にも思えるが、総じて展開は地味である。アドレナリンが放出されそうな派手な要素は意識して抑えられている。なるほど強盗だ殺人だ密売だと、それらは非日常的でドラマチックな性質のものかもしれないけれども、エディ・コイルに焦点を当てている限り、ことさら珍しくもなければ驚くべきことでもない。淡々と悪党どもの「普段の日々」が描かれていくだけだ。

最終的に、エディは組織からタレコミ屋であると誤解され、よりにもよってディロンにエディ・コイル殺害の命令が届く。少なくともエディはディロンを友人と思っていたし、逮捕されてもディロンの名前は出さなかったのである。にもかかわらず、ディロンはエディ殺しを決行する。

この映画のハイライトは、終盤で描写されるエディ殺害の過程だろう。べつに複雑な手段を用いるわけではない。ディロンは、今夜アイスホッケーのチケットがあるから甥と三人で見に行こう、気晴らしをしようと誘う。口数の少ない甥は組織の若者で、運転手の役割である。騙されているとは思っていないエディは無邪気にホッケーの試合を楽しむ。くたびれた雰囲気のロバート・ミッチャムが無防備にホッケー観戦に心を躍らせる様子が、まるでドキュメントの映像のようにリアルでそれがこれから行われるエディ殺しの非情さを際立たせる。

エディ・コイルはホッケー観戦中にビールを散々飲んだせいで酔っぱらう。千鳥足の状態である。刑務所暮らしを控えた鬱屈が、余計に酔いを深くさせたのだろう。じゃあ家まで送ってやろうと車に乗せ、深夜のトンネルを走り抜けている最中にディロンは、酔いつぶれたエディ・コイルを車内で撃ち殺す。まったく躊躇することなく頭部に銃口を向け、あっさりと引き金を引くのである。

エディの死体がぐったりとシートに崩れ折れたままの車を、夜中のボウリング場の駐車場に乗り捨ててディロンは甥とその場を去る。誰にも見られていない。車はたぶん盗難車だろう。翌朝になって死体が発見されても、エディと分かった途端に警察は熱心な捜査を放棄するに違いない。小悪党が葬られただけのことだから。ただそれだけの話であり、ゴミ捨て場にゴミの袋が捨てられているのと大差はない。

翌日の昼間。ディロンは財務省のエージェントと広場で立ち話をしている。エディの話題ではない（おそらくエージェントは、エディの死をまだ知らない）。エディが持ち掛けた司法取引の内容は既に取引には値しないネタであったし、もはやエディは収監確定の老いぼれに過ぎない。話題にする価値なんかない。ボストンには鳩が多過ぎてうんざりするとか、そんな愚にもつかない話題に託してディロンは己の荒んだ内面を語り、いっぽうエージェントは密告者としての彼を労う。それぞれの気持ちに、明らかなすれ違いがあるのが分かる。だが二人は挨拶をして別れ、それでオシマイ、画面はロングショットで映した広場の光景のストップモーションで終わる。

「え、それだけなの？」

と、言いたくなる。それほどフラットな映画に仕上げられているのだ。終わり近くのホッケー観戦の場面だって、なるほど素晴らしくはあるがこの映画のトーンにしっくり溶け込んでいる。たとえば「名場面として後々まで語り継がれる壮絶なカー・チェイス」的なものとはまったく違う。あくまでも「意図的に」地味でフラットに作られた作品で、エディ・コイルは「お茶の子さいさい」といった調子で友人に殺されましたといった内容でしかない。

だがわたしたちは『エディ・コイルの友人たち』を、無意味で存在価値のない映画とは思わない。なぜならそこには「さりげない不穏さ」とささやかな詩情とが宿っているからだ。そしてこのように「あざとさ」とは正反対のベクトルを持ち、それどころか「え、それだけなの？」と落胆されかねないような作品をあえて作りたくなるような心情というものが、往々にして少なからぬ監督の胸に生じがちのようである。もしかすると一過性の麻疹(はしか)のようなものなのかもしれないが、一度はやってみたくなる種類の作品であるのは確かではないだろうか。

捻りを利かせたあざとさ

アルベルト・セラ監督の『ルイ14世の死』（二〇一六）はどうだろう。

これまた内容はタイトルそのままで、おそろしくシンプルである。四歳で即位、太陽王と称されヴェルサイユ宮殿を建立し、華美で贅沢三昧な生活を送り、七十七歳を目前に死去したルイ十四世（一六三八〜一七一五）。彼は左足の壊疽（糖尿病に由来する血行障害と感染が壊疽を引き起こしたと思われる）が悪化して死に至ったわけだが、次第に衰弱し食欲も失い、フェードアウトするかのように息を引き取っていく「最後のおよそ三週間」の日々を淡々と描いたのがこの映画である。なるほど歴史映画ではあるが場面はほぼ寝室のみであり、セットやコスチュームは異常なほどに凝っているものの、戦争だとか舞踏会だとかそういったドラマチックな場面はまったく出てこない。画面はレンブラントの絵のように暗く、どんな音楽がバックに使われていたか（あるいはいなかったか）はまったく記憶に残っていない。台詞も少ない。

セラ監督は、意識的に映画を起伏に乏しいものにしている。すると逆に、取るに足らない些細なことが「大きな出来事」として突出してくる。王がやっと料理を一口食べたからと、宮廷の人々はわざとらしい歓声を上げ拍手をする。そういった馬鹿馬鹿しさを浮かび上がらせたかったであろうことは十分に分かる。ポスターのコピーは〈時空を超える異才が描く／偉大なる〝太陽王〟の／豪奢で陳腐な死。〉となっているが、まさに言い得て妙だ。

なるほど家来や従者たちは王の容態に一喜一憂し、あるいは治療方法や王の意向に頭を痛める。そこにはちっぽけなドラマが生じてはいる。だがそんなものは取るに足らない。誰の目にも、王はもはや半分以上死んでいる。あとは死亡確定のタイミングだけだ。その経過を、カメラは冷徹に追っていく。怪しげな贋医者が登場したり、突飛な医学理論が語られたりとちょっとキッチュな味わいも加味されるものの、映画は決して饒舌にはならない。おかしな言い回しになるが、バロックの意匠を纏(まと)ったミニマリズム映画といった印象なのである。

映画の途中で、おそらくこの作品は劇的な要素を排したまま終わっていくのだろうな、と観客には予想がつく。だがもしかするとルイ十四世が昇天した途端にカメラがドリー・アウト（移動車に載ったカメラが被写体から遠ざかっていくこと）し、するとセットの周囲や器材、そこで働いているスタッフ等がくっきりと写し出されるとか、撮影を終えたと思っているジャン＝ピエール・レオがメイクを落としているところをも撮り続けるとか、そういったメタ的視点を最後に取り込むような離れ業を行うかもしれないなどと、今度は観客の妄想によってドラマが生じてしまいかねない。あえて無意味な映画を作るのも案外難しい。

実際のラストはどうだろう。王の死後、ただちに今まで寝ていた寝台で解剖が執り行われる。まさかルイ十四世の臓物が写し出されるとは、さすがに思わなかったな。座骨神経痛であろうと誤診していた侍医は、解剖によって実際の病変を目の当たりにする。「壊疽とは思っていなかった」「わたしの責任だ」などと重苦しい口調で独語するものの、そのあと侍医は「次はより慎重に診断しよう」と平然と述べ、ここで画面はいきなり真っ黒になって映画は終わる。

いったい侍医は無責任なのか冷徹なのか恥知らずなのか。判然としないまま、しかし死とは身も蓋もない生理現象なのだなあと痛感させられつつ観客は居心地の悪そうな表情を浮かべることになる。まさにセラ監督の思う壺なのだろう。


さて『ルイ14世の死』は、『エディ・コイルの友人たち』と同じく〈呆気ないラストの映画、というジャンル〉に収まる一本なのだろうか。確かに困惑させるというか呆気ない戸惑いへと観客を突き落とす映画ではある。終わり方は、さながらスイッチを乱暴に切ってしまったかのようだ。でもわたしとしては、セラ監督の作為があまりにも透けて見えるように思えて素直になれない。捻りを利かせた「あざとさ」とでも言うべきものが漂ってくるのだ。

率直なところ、エディ・コイル的な映画にはクリエイターの業というか「一度は絡め取られがちな誘惑」といった切実な（けれども世間的には気の迷い程度にしか評価されない）ものを見出し共感したくなる。いっぽう『ルイ14世の死』のほうには、不純でまがいものめいた印象を覚えてしまうのだ。娯楽映画を撮る職人監督の「必然性を伴った迷走」と、アート志向の気鋭監督の「戦略」とが近接してしまうところに面白さを覚えると同時に、セラ監督の耳元で「あんまりカッコつけんじゃねーよ」と囁いてやりたい気持ちにさせられるのである。

『ルイ14世の死』において不穏さは「わざとらしい」し、ささやかな詩情よりも監督のエゴが映画を支配している。つまり下品で押しつけがましいのである。ただし、だからこの映画を否定しようという気にはならない。おそらくわたし自身の心にも潜む「あざとさ」に対する自虐的な興味――そのような屈折したものを、セラ監督をダシにして味わうべき映画なのだろう。

出来る限り無意味なもの

ブライアン・デ・パルマ監督の『悪魔のシスター』(一九七二)はどうであろうか。

ストーリーの骨子は、シャム双生児の離断と二重人格との組み合わせによって成り立っている。美人のシャム双生児であったダニエル(姉)とドミニク(妹)のうち、妹が精神に変調をきたし精神科を受診していた。ただし妹のドミニクだけが受診するわけにはいかない。身体が結合しているのだから、姉のダニエルも一緒に受診せざるを得ない。そうこうするうちに、姉が精神科医と恋愛関係に陥る。そうなると邪魔なのは本来の患者であるドミニクだ。そこで双生児の分離手術が行われ（いささか強引な展開だけれど、そこに異を唱えるのは野暮というものだろう。なにしろデ・パルマの初期作品なのだから）、どさくさで妹のドミニクは殺されてしまう。

こうして姉のダニエルは独立した身体を得る。精神科医とも結婚するが、彼のストーカー体質に辟易して彼女は離婚する。けれども精神科医は未練を捨てきれず、あいかわらず彼女につきまとう。

ダニエルは、邪魔者としてドミニクを葬ってしまったわけだが、さすがに罪悪感が生じ、それがもとで二重人格になってしまう。薬を飲んでいる分には安定しているのだけれど、効力が切れると亡き妹ドミニクの狂った人格が出現し、その人格は姉が付き合った男を激しく憎悪する（『サイコ』一九六〇の本歌取りだろう）。というわけで、自分のアパートで黒人青年と情熱的な夜を過ごしたその翌朝に、うっかり薬を切らしてしまったダニエルは、ドミニクに心を乗っ取られ、発作的に青年を刺殺してしまう。第三者からすれば、二重人格のことなど知らないからまったく動機が不明な殺人ということになる。

この殺人を知ってしまった人物が二名いた。ひとりは女性記者のグレースで、彼女は向かいの建物に住んでいた関係で、偶然にも窓越しに殺人場面を目撃してしまう（『裏窓』一九五四の本歌取り）。もうひとりは、いまだにダニエルにつきまとっていた精神科医である。

記者のグレースは、ただちに警察へ事件を通報する。いっぽう精神科医は、ドミニクから本来の人格に戻ったダニエルと一緒に黒人青年の死体を大急ぎで白いソファの内部に隠し、血まみれの室内を清掃して証拠隠滅を図る（アパートへ向かう警察サイドと、証拠の隠滅を図るダニエルおよび精神科医サイドの動きとが、デ・パルマ得意の画面分割によって同時進行で描かれる）。

首尾良く証拠隠滅が間に合い、警察は事件などなかったと判断する。殺人の光景はグレースの白昼夢であった、と。だが彼女は納得がいかない。女性記者の意地とばかりに調査を開始する。さらに新聞社からの手配で、私立探偵もグレースの活動に関わることになる。

さて死体の隠されたソファは、精神科医の手配でカナダのケベック（シャム双生児の故郷）へ向けて運送会社のトラックが運び去る。もっさりした外見とは裏腹にきわめて有能な探偵は、直感を働かせてトラックを追跡する。もはや殺人事件の物的証拠は死体を納めた白いソファだけだから、追跡以外に選択肢はない。

女性記者グレースはどうしたか。犯行の後始末を仕切った精神科医が経営する精神科病院に忍び込んだものの捕まってしまい、薬物を用いた催眠術を施されてしまう。精神科医に暗示を掛けられ、意識が戻った彼女は自分が目にした殺人事件はやはり錯覚であったと思い込んでしまうのだ。さらに、またしてもドミニクの人格が出現したダニエルによって、精神科医は殺されてしまう。今度こそダニエルは逮捕されるが、それはあくまでも精神科医殺しの犯人として逮捕されたのである。黒人青年殺しについては、①死体はソファに隠されて運び出されてしまった、②後始末をリードした精神科医は殺された、③目撃者であるグレースは催眠術によってもはや事件を否定している、という次第で、あとはダニエルが自白しない限りは事件そのものが「なかった」ことになってしまう。そしてもちろんダニエルが余計な自白などする筈がない。

こうして、事件は存在そのものがほぼ否定されている。だがまぎれもなく黒人青年の死体は実在している。それだけが成り行きのすべてを決定するだろう。ではそれを隠した白いソファはどうなったのか。

ここで最後の場面となる。

場所はケベックの鄙(ひな)びた田舎の駅である。ソファはそこに届いていた。野ざらし状態で、脇には別な荷物もある。それどころか、ホルスタイン種の牛も一頭つながれている。のどかで牧歌的な場面と称するべきなのだろうか。空は青く晴れ渡っている。人影はない。だがソファの中には死体が隠されている。そろそろ腐敗臭も漂ってくるのではあるまいか。カメラがズームアウトすると、電柱には電話会社の工事人に扮した探偵が登っている。彼は双眼鏡を構え、誰がソファを引き取るのだろうかと監視している。そこへエンドマークが重なる。

　これまた「え、これで終わり？」と脱力させられる。片田舎の駅で、しかも牛までいるので、なおさら脱力感が著しい。息の詰まるようなサスペンスとの対比があまりにも大きい。いったいこのあと、ソファを引き取るのは誰なのか。発送手続きを行った精神科医は殺されてしまった。ダニエルはその犯人として逮捕された。おそらく誰も引き取りには来ない。が、いずれソファの中の死体は発見されるだろう。そこで探偵が絡めば、もしかすると事件の全容は解明されるかもしれない。あるいは、そのまま有耶無耶（うやむや）になってしまうかもしれない。すべては、電柱に間抜けな姿でしがみついている探偵の判断次第だ。でもそんなことは、もはやデ・パルマ監督にはどうでもいいことなのだろう。むしろ宙ぶらりんな状態で物語を終えることにこそ、監督は関心があったに違いない。

　デ・パルマは一九七二年に、ハリウッドで『汝のウサギを知れ』というマジシャンの映画を監督中に解雇され、かなり気落ちしてニューヨークに戻って『悪魔のシスター』を制作したらしい（そして次作の『キャリー』一九七六で名を広める）。彼の屈託し不貞腐れた気持ちがこのラストシーンに反映しているのではないだろうか。少なくとも、清々しい気持ちの反映とは到底思えない。

そもそもわたしが呆気ないラストの作品を気にするのは、もちろん単なる不出来とか計算違いによる駄作（いわゆる腰砕け）は除外するとして、やはり「うんざり」「怒り」「苛立ち」といったネガティヴなものが多かれ少なかれ作用していると思うからなのである。ヒット作を作るのに倦んだり、安っぽい要求ばかりしてくるスポンサーやプロデューサーにげんなりしたり、表面的な解釈しか出来ない観客にムカついたり、勝手なことばかり言い募る評論家に立腹したり、そういった感情があえて「肩すかし」をしてやりたくなる動機として作用しているのではないか。そこにわたしは激しく共感するのである。もちろん「ぶっきらぼう」そのままであったり、逆に悟りきったようにフラットになったり、エゴが混入したりといろいろだろうが、やはり穏やかならざる気持ちが「呆気ない結末」の根底にはあるだろう。さらに創作者としての作戦や「気の迷い」も関与してくるに違いあるまい。

個人的には、古今東西の呆気ないラストの映画だけを集めたライブラリーを作りたいものだと夢想するのである。少なからぬ監督たちが、そこに作品が収録されることで「俺の気持ちを分かってもらえた」と感じるようなライブラリーを。

以下は余談である。『悪魔のシスター』の最後で、死体を納めたソファの脇で柱につながれていた牛の姿はとても印象的であった。そこで連想するのが、映画が公開される三年前にピンク・フロイドが発表したプログレッシヴ・ロックの名盤とされる『原子心母』のジャケットなのである。

このレコードのジャケットはヒプノシスというデザイン事務所による。草原にいる一頭の乳牛をやや後方から撮影している。牛は頭をこちらに向けて振り返っている。その写真が三十センチ四方のジャケットいっぱいに若干くすんだカラーで印刷され、バンド名やアルバム名その他の文字は一切ない。乳製品の商品名を書き込めばそのまま広告になってしまいそうだ。

このデザインのコンセプトは、「出来る限り無意味なもの」を写真で表現することにあったらしい。これはかなり難題である。たとえば何も印刷しなかったら、そこで「無意味なもの」になりおおせるか。駄目だろう。印刷されなかった不良品と見なされたり、わざとらしいアイディアだと嘲笑されたり、深読みをされたり、それなりの意味が立ち上がってしまう。穴だとか石ころだとか煙を撮影したとしても、やはりそこに意味が、それどころか情感までが生じてしまう。無意味を写し取った写真というのは困難なのだ。

ならば次善の策として、一応の意味はあるけれどそれが何の抵抗もなく日常に溶け込んでしまい、結果として限りなく退屈で無意味なものを探してはどうか。その回答として「牛」が選ばれたらしい。実際、それは賢明そのものだったと思う。少なくともロックのアルバムと牛とは縁がない。ピンク・フロイドの演奏を聴きながら牛乳を飲む人はいても、まあそれだけのことである。攻撃的な動物ならばロックの文脈に沿うだろうし、グロテスクな動物もロックには相応しいかもしれない。だが牛では意味がない。脱力するくらい意味がない。

もしかすると本歌取りの好きなデ・パルマ監督は、このアルバムジャケットの牛から『悪魔のシスター』のラストシーンを思い付いたのかもしれない。もちろん確証などないが、無意味の化身としての牛が登場してエンドとなれば、これは見事に着地が成功したということになろう。そしてわたしは「呆気ないラストの映画だけを集めたライブラリー」のマークを、乳牛のシルエットにしたいなどと勝手に考えるのである。

作品一覧

第一章　蝿男とラム入りミルク

映画
『ブギーナイツ』（監督ポール・トーマス・アンダーソン、1997）
『蝿男の恐怖』（監督カート・ニューマン、1958）
『蝿男の逆襲』（監督エドワード・L・バーンズ、1959）
『蝿男の呪い』（監督ドン・シャープ、1965）
『ザ・フライ』（監督デヴィッド・クローネンバーグ、1986）
『キャビン・フィーバー』（監督イーライ・ロス、2002）
『マイライフ・アズ・ア・ドッグ』（監督ラッセ・ハルストレム、1985）

小説
『蝿』（ジョルジュ・ランジュラン、1957）
『断層顔』（海野十三、1947）

第二章　オレが作った筈の映画

映画
『人間蒸発』（監督今村昌平、1967）
『ジョニーは戦場へ行った』（監督ダルトン・トランボ、1971）
『スモーク』（監督ウェイン・ワン、1995）
『悪魔のいけにえ』（監督トビー・フーパー、1974）
『ファーゴ』（監督ジョエル・コーエン、1996）
『武器人間』（監督リチャード・ラーフォースト、2013）

『ムカデ人間』（監督トム・シックス、２００９）
『スター・ウォーズ』（監督ジョージ・ルーカス、１９７７）
『レッドライン７０００』（監督ハワード・ホークス、１９６５）
『フリービーとビーン／大乱戦』（監督リチャード・ラッシュ、１９７４）
『ローラーボール』（監督ノーマン・ジュイソン、１９７５）
『ミザリー』（監督ロブ・ライナー、１９９０）
『ドッグヴィル』（監督ラース・フォン・トリアー、２００３）
『地獄の黙示録』（監督フランシス・フォード・コッポラ、１９７９）
『ゴッドファーザー』（監督フランシス・フォード・コッポラ、１９７２）
『腑抜けども、悲しみの愛を見せろ』（監督吉田大八、２００７）
『アンダルシアの犬』（監督ルイス・ブニュエル、１９２９）
『クヒオ大佐』（監督吉田大八、２００９）

小説

『ジョニーは銃をとった』（ダルトン・トランボ、１９３９）
『罪と罰』（フョードル・ドストエフスキー、１８６６）
『夏への扉』（ロバート・A・ハインライン、１９５６）

第三章　出口

映画

『GERRY　ジェリー』（監督ガス・ヴァン・サント、２００２）
『エレファント』（監督ガス・ヴァン・サント、２００３）
『ブルジョワジーの秘かな愉しみ』（監督ルイス・ブニュエル、１９７２）
『皆殺しの天使』（監督ルイス・ブニュエル、１９６２）

『欲望のあいまいな対象』（監督ルイス・ブニュエル、1977）
『砂漠のシモン』（監督ルイス・ブニュエル、1965）
『10クローバーフィールド・レーン』（監督ダン・トラクテンバーグ、2016）

小説
『蝿の王』（ウィリアム・ゴールディング、1954）
※**『ルイス・ブニュエル』**（四方田犬彦、2013）

第四章　終末の風景

映画
『マタンゴ』（監督本多猪四郎、1963）
『妖星ゴラス』（監督本多猪四郎、1962）
『恐怖の報酬』（監督アンリ＝ジョルジュ・クルーゾー、1953）
『縮みゆく人間』（監督ジャック・アーノルド、1957）
『アッシャー家の惨劇』（監督ロジャー・コーマン、1960）
『地球最後の男』（監督シドニー・サルコウ他、1964）
『地球最後の男 オメガマン』（監督ボリス・セイガル、1971）
『激突！』（監督スティーヴン・スピルバーグ、1971）
『ヘルハウス』（監督ジョン・ハフ、1973）
『ある日どこかで』（監督ジャノ・スワーク、1980）
『アイ・アム・レジェンド』（監督フランシス・ローレンス、2007）
『リアル・スティール』（監督ショーン・レヴィ、2011）
『白い荒野』（監督ジェームズ・アルガー、1958）
『メランコリア』（監督ラース・フォン・トリアー、2011）

小説
『マタンゴ』（福島正実、1963）
漫画版**『マタンゴ』**（石森章太郎、1963）
『闇の声』（W・H・ホジスン、1907）
『レミング』（リチャード・マシスン、短篇集『13のショック』1961所収）
『パニック』（開高健、1957）
『少女記』（粒来哲蔵の詩集『穴』2006所収）
『巨眼』（マックス・エールリッヒ、1963）

第五章　運命の器

映画
『HANDIA アルツォの巨人』（監督アイトル・アレギとジョン・ガラーニョ、2017）
『アングスト／不安』（監督ジェラルド・カーグル、1983）
『ヘンリー』（監督ジョン・マクノートン、1986）
『ラルジャン』（監督ロベール・ブレッソン、1983）

小説
『ジャイアンツ・ハウス』（エリザベス・マクラッケン、1999）
※**『創作の極意と掟』**（筒井康隆、2014）

第六章　博士と怪物

映画
『X線の眼を持つ男』（監督ロジャー・コーマン、1963）
『透明人間』（監督ジェイムズ・ホエール、1933）
『透明人間の逆襲』（監督ジョー・メイ、1940）
『インビジブル』（監督ポール・バーホーベン、2000）

『ラ・シオタ駅への列車の到着』（監督リュミエール兄弟、1895）

『アンシーン　見えざる者』（監督ジェフ・リドナップ、2016）

『透明人間』（監督ジョン・カーペンター、1992）

『透明人間』（監督リー・ワネル、2020）

小説

『透明人間』（H・G・ウェルズ、1897）

『透明人間の告白』（H・F・セイント、1988）

第七章　埋められる

映画

『ザ・バニシング－消失－』（監督ジョルジュ・シュルイツァー、1988）

『ニューヨークの怪人』（監督ユージン・ローリー、1958）

『セコンド／アーサー・ハミルトンからトニー・ウィルソンへの転身』（監督ジョン・フランケンハイマー、1966）

※『陳列棚のフリークス』（ヤン・ボンデソン、1998）

第八章　ルシンダ水脈から銭湯へ

映画

『泳ぐひと』（監督フランク・ペリー、1968）

『何がジェーンに起ったか？』（監督ロバート・アルドリッチ、1962）

『世界大戦争』（監督松林宗恵、1961）

『博士の異常な愛情』（監督スタンリー・キューブリック、1964）

小説

『泳ぐ人』（ジョン・チーヴァー、1964）

『「あめふり」の歌』（安岡章太郎、短篇集『夕陽の河岸』1991所収）

第九章　白い煙とモノクロ映画

映画　**『ミスト』**（監督フランク・ダラボン、２００７）

『蝿の王』（監督ピーター・ブルック、１９６３）

『蝿の王』（監督ハリー・フック、１９９０）

『天国と地獄』（監督黒澤明、１９６３）

『ガス人間第1号』（監督本多猪四朗、特技監督円谷英二、１９６０）

※『鉄腕アトム』エピソード「気体人間」（手塚治虫、１９５２）

第十章　呆気ないラストの映画、というジャンル

映画　**『エディ・コイルの友人たち』**（監督ピーター・イエーツ、１９７３）

『ルイ14世の死』（監督アルベルト・セラ、２０１６）

『悪魔のシスター』（監督ブライアン・デ・パルマ、１９７３）

『サイコ』（監督アルフレッド・ヒッチコック、１９６０）

『裏窓』（監督アルフレッド・ヒッチコック、１９５４）

『汝のウサギを知れ』（監督ブライアン・デ・パルマ、１９７２）

『キャリー』（監督ブライアン・デ・パルマ、１９７６）

小説　**『お茶の子さいさい』**（ローラ・リップマン、短篇集『心から愛するただひとりの人』２００９所収）

※『この七つの文字』（高松次郎、１９７０）

父兄会（当時は、保護者会とは呼んでいなかった）の面接へ父が行った。わたしが小学校高学年の頃である。夕方になって戻ってきた父は、開口一番「お前のことを、〈豆腐みたいなお子さんですね〉って担任の先生が言っていたぞ」と、苦笑いをしながら告げた。

担任が言うには、普通の子どもは大人のほうからアプローチをすれば、それなりのリアクションがある。溌剌（はつらつ）として明るく元気よく、さながら蒟蒻（こんにゃく）を突っついたときに「ぷるんぷるん」と弾力が感じられるように。ところがわたしの場合は「ああ、そうですか」「はあ」といった調子で、億劫（おっくう）なのか関心がないのか反応が乏しい。小学生に相応しい弾力に欠け、あたかも豆腐を突っついたみたいである。と、そのように評したとのことであった。

わたしは「ふうん」と応じつつ、失礼なことを口にする教師だなあといくぶん腹を立てていた。担任が当方に好感を抱いていないことは薄々承知していた。こちらも好きではなかったから、お互い様だ。でも、父親に向かって「豆腐みたいな子ども」と論評するのはいかがなものか。冗談ならともかく、真面目な顔をして言ったというのだ。嫌な大人だなあ。もともとわたしには、興味がなかったり好みではない対象にはかなり素っ気ない態度を示すところがあった。

それが小馬鹿にしたような振る舞いに映り、子どもらしさに欠けると映ったのだろう。だが子どもらしくなければいけないのか。あと十年も経てば、もはや子どもらしさなんて意味をなさなくなるのに。

釈然としない気分であった。

そんなエピソードからしばらくして、週刊少年マガジンを読んでいたら奇妙な記事が載っていた。タイトルは『エリー湖の寒天生物』、ちっぽけな囲み記事であった。

アメリカ五大湖のひとつであるエリー湖には、おかしな生き物が棲息している。寒天ないしはゼリーのカタマリのように半透明で、だが内臓らしきものは透けて見えない。もちろん骨や血管系、神経系らしきものも見えない。表面はつるつるしている。目や口、ヒレや手足や触角らしきものも一切見当たらない。形も大きさも、ちょうどダチョウのタマゴといったところだ。したがって生き物というにはあまりにも抽象的で、それこそ何かの卵、さもなければ無生物と考えたくなるが、これが生きていてしかも成体らしい。縦長の状態で全体の三分の一くらいを水面から出しながら、ぷかぷか浮いている。群は作らない。手で触れると、それを避けるように全体を微妙にくねらせて遠ざかろうとする。観察していると、ときおり意志がありそうな動きをする。が、何をどのように食べ、どんな具合に繁殖するのかは分からない。寿命も判然としない。

そんな謎の生き物で、しかも詳しく調べようと網で掬(すく)い取ろうとすると、自らの重さによって網目から押し出されるようにして千切れ、水面にぼろぼろと落下してしまうというのだ。網目からトコロテン状にこぼれ落ちるというところが、いやに生理的に生々しく感じられて、幼かったわたしはぞっとした。と同時に、網を手にした捕獲者が困惑した表情を浮かべているところを想像して、どことなく溜飲の下がる気持ちにもなった。

記事はそれだけの内容だった。新種として認められたのか、学名はあるのか、どこまで珍しいものなのか、そういった情報は一切書かれていなかった。今にして思えば、適当なでっちあげの記事だったのかもしれない。

けれどもわたしは、この〈エリー湖の寒天生物〉に妙な共感を覚えたのだった。超然としてつかみどころがなく、得体が知れず、何が目的で生きているのかすら判然としない。全体が透けて見えるようで、しかし内部には何も見当たらない。意味もなく、ぷかぷかと冷たい水面に浮いているだけ。まさに溌剌として明るく元気よい生き方とは正反対の性質のみで成り立っている生物ではないか。この謎の生き物は、自分に似ている。そのように思ったのであった。

こうして今も詳しく覚えているのは、それこそ謎の寒天生物に強い思い入れが生じていたからに違いない。半透明でそれなりの弾力があるところは蒟蒻的かもしれないけれど、いまひとつ摑み所がなく、しかも網で掬うと無気力のカタマリのごとく網目からぼろぼろ抜け落ちてしまうところはむしろ豆腐的だろう。多くの人はこの生物に関心を寄せないどころか「気味が悪い」のひと言で片付けてしまいそうだ。〈エリー湖の寒天生物〉にシンパシーを抱き、極東の島国からその孤独で浮世離れした生きざまに声援を送るのは自分くらいであろう。そんな考えが、いじましい自己肯定に連動していたようでもあった。

月日を経るに従ってわたしは成長し、それに伴いさまざまな事物に共感や反感を覚えた（何も感じなかった対象のほうが遙かに多かったが）。そして共感を覚えた存在の中に、映画やテレビに登場したモンスターたちがいた。彼らは概ね醜悪で自分勝手で敵意に満ち、破壊衝動ないしは征服欲、さもなければ下賤な性欲に取り憑かれていた。つまり内面は、世間の人たちと大差がない。異なるのは、あまりにも率直なことぐらいだ。あからさまで、しかも異形な姿。すると、どう考えてみてもモンスターはわたしの分身ではないか。

記憶を遡ってみれば、おそらく自分にとって生き方の理想像はあの〈エリー湖の寒天生物〉なのであった。孤独と超然さと無意味さにおいて自分はあのようになりたかったし、事実、いくぶんそんな存在に近づいていた。しかし成長とともにさまざまな煩悩が心の中に生まれてくる。するとそれに呼応するかのように透き通っていた体も次第に濁り、体表からは触角や棘や毒針や鋏(はさみ)が生え、不格好な手足が生え、おぞましい目や鼻が生じ、尖った歯の並んだ口からは粘液が滴るようになり、さらには緑の怪光線を発射する能力を身に着け、変身能力や飛翔能力も備えるようになり、その結果として、退治され駆逐されるべき忌まわしい存在——怪物、モンスターとなり果ててしまった。と、そんな夢想をつい紡ぎたくなってしまうから、わたしはスクリーンに登場するあのチープなモンスターたちを支持せずにはいられない。諧謔(かいぎゃく)に託した自己嫌悪も否定は出来ないけれど。

親近感があるから、思い入れがあるから、本書では怪物たちに登場してもらった。一見したところは普通の市民であっても、心の中に途方もない怪物を潜ませている人にも登場してもらった。バッドエンドの物語や後味の悪い作品も少なからず取り上げているが、それらは怪物に化してしまった物語という位置づけになる。

本書で取り上げきれなかった作品は多い。『Mr.タスク』(ケヴィン・スミス監督、二〇一四)、『ウィッカーマン』(ロビン・ハーディー監督、一九七三)、『血を吸うカメラ』(マイケル・パウエル監督、一九六〇)、『ブリッジ』(エリック・スティール監督、二〇〇六)、『世界』

(ジャ・ジャンクー監督、二〇〇四)、『股旅』(市川崑監督、一九七三)などはぜひ俎上に載せたかったけれど、この本の書き方は気ままな連想をベースにしているので、上手くそこに引っ掛からなかっただけである。いずれ機会があれば試みたい。

ディテールの確認のために作品をまるごと見直す必要が生じることもあり、執筆には予想外の時間を要してしまった。辛抱強く待ちつつ適切な助言も与えてくれたキネマ旬報編集部の平嶋洋一氏、カッコいい造本をしてくれたデザイナーの川原樹芳氏および大柴千尋氏に感謝すると同時に、示唆に富む帯文を寄せてくださった荒木飛呂彦氏にも深く御礼を申し上げたい。もちろんここまで付き合ってくれた読者諸氏にも「ありがとう」を申し上げます。

二〇二一年四月二四日

春日武彦

鬱屈精神科医、怪物人間とひきこもる
2021年6月10日　初版第1刷発行

著者
春日武彦
発行人
星野晃志
編集
平嶋洋一
デザイン
株式会社100KG(川原樹芳、大柴千尋)
写真協力
株式会社トランスフォーマー
発行所
株式会社キネマ旬報社
〒104-0061 東京都中央区銀座5-14-8銀座ワカホビル5F
TEL:03-6268-9701　FAX:03-6268-9712
印刷・製本
三永印刷株式会社

ISBN　978-4-87376-479-5